Советы и стратегии, содержащиеся в книге, могут не подходить для каждой ситуации. Эта работа продается с пониманием того, что ни автор, ни издатели не несут ответственности за результаты, полученные в результате рекомендаций, содержащихся в этой книге; Эта работа предназначена для того, чтобы рассказать читателям о Биткойне, а не для предоставления инвестиционных советов. Все изображения являются оригинальной собственностью автора, не защищены авторским правом, как указано источниками изображений, или используются с согласия владельцев собственности.

audepublishing.com

Copyright © 2024 ООО «Од Паблишинг»

Все права защищены.

Никакая часть данной публикации не может быть воспроизведена, распространена или передана в любой форме и любыми средствами, включая фотокопирование, запись или другие электронные или механические методы, без предварительного письменного разрешения издателей, за исключением случаев кратких цитат, включенных в обзоры, и некоторых других некоммерческих целей, разрешенных законом об авторском праве.

Первое издание в мягкой обложке, сентябрь 2021 г.

Распечатать ISBN 9798486794483

Знакомство

Bitcoin: Answered, это попытка распутать фрагментированную сеть информации о Биткойне, которую получает широкая публика. Независимо от личного отношения к криптовалютам и биткоину (большинство из которых, для тех, кто не изучал, либо чрезмерно оптимистичны, либо чрезмерно циничны), охват криптовалюты растет с такой скоростью, а также с такой скоростью, что отсутствие понимания базовой истории, концепций и осуществимости биткоина наносит гораздо больший ущерб, чем его отсутствие. Надеюсь, вы найдете эту информацию весьма увлекательной; Биткойн был первым из совершенно нового способа мышления о деньгах и транзакциях. К концу вы поймете, что такое биткоин, цифровые валюты и блокчейн; Многие из этих систем, как следует отметить, сопоставимы только в самых широких смыслах, а потенциал и применимые варианты использования такой технологии просто поразительны, особенно учитывая, что экосистема фиатных валют мало изменилась с тех пор, как валюты были выведены из-под золотого стандарта полвека назад. Думать обо всех криптовалютах как о Биткойне, а о Биткойне как о маргинальном пузыре просто неправильно; Да, Биткойн далек от совершенства, но в том, что, по сути, является цифровизацией и децентрализацией стоимости, лежит гораздо больше. В этой книге рассматриваются все эти и другие понятия в простом формате, основанном на вопросах, начиная с вопроса «Что такое Биткойн?». Не стесняйтесь бегло просматривать в соответствии с вашими знаниями или читать от корки до корки; В любом случае, я надеюсь и надеюсь моей команды, что вы выйдете из этой книги с пониманием Биткойна с точки зрения, с технической, исторической и концептуальной точки зрения, а также с постоянным интересом и желанием узнать больше. Дополнительные ресурсы можно найти в конце книги.

Теперь мы идем вперед в благородном стремлении к знанию. Приятного чтения книги.

Что такое биткоин?

Биткойн — это многое: одноранговая глобальная компьютерная сеть с открытым исходным кодом, набор протоколов, цифровое золото, передовой рынок новой технологии, криптовалюта. В физическом; Биткоин — это 13 000 компьютеров, работающих на различных протоколах и алгоритмах. По сути, Биткоин является глобальным средством простых и безопасных транзакций; демократизирующей силой и средством прозрачного и анонимного финансирования. На мосту между физическим и концептуальным Биткойн является криптовалютой; Средство и средство сбережения, которое существует исключительно в Интернете, без какой-либо физической формы. Все это, однако, все равно, что задавать вопрос «что такое деньги?» и отвечать «бумажки». Тот, кто не знаком с Биткойном и прочитает предыдущий абзац, почти наверняка получит больше вопросов, чем ответов; По этой причине вопрос «Что такое Биткойн?» является, по сути, вопросом этой книги, и, анализируя каждую часть, вы, надеюсь, придете к пониманию целого.

Кто основал Биткоин?

Сатоши Накамото — это человек, или, возможно, группа людей, которые создали биткоин. Об этой загадочной фигуре известно не так много, а его анонимность породила бесчисленное количество теорий заговора. Несмотря на то, что Накамото указал себя как 45-летнего мужчину из Японии на официальном веб-сайте одноранговых фондов, в своих электронных письмах он использует британские идиомы. Кроме того, временные метки его работы лучше совпадают с теми, кто живет в США или Великобритании. Большинство считает, что его исчезновение было спланировано (многие связывают его работу с библейскими ссылками), а другие считают, что правительственная организация, такая как ЦРУ, была связана с его исчезновением. Это не более чем маргинальные теории; Однако фактом остается то, что создатель биткоина в настоящее время владеет состоянием в размере более 70 миллиардов долларов (что эквивалентно 1,1 миллиону биткоинов), и если биткоин вырастет еще на несколько сотен процентов, этот анонимный миллиардер, отец криптовалюты, станет самым богатым человеком в мире.

Приведенный выше визуальный элемент представляет собой генезисный (то есть «первый») блок Bitcoin. Основатель(и) биткоина Сатоши Накамото (Satoshi Nakamoto) ввел в код сообщение, которое гласит: «The Times 03/Jan/2009 Канцлер на грани второй финансовой помощи банкам».

---

[1] MikeG001 / CC BY-SA 4.0

Кому принадлежит биткоин?

Идея о том, что биткоином «владеют», верна только в самом распределенном смысле. Около 20 миллионов человек коллективно владеют всем биткоином в мире, но сам биткоин, как сеть, не может быть собственностью.[2]

---

[2] Технически 20,5 млн человек по всему миру владеют биткоинами на сумму не менее 1 доллара.

Какова история биткоина?

Это краткая история криптовалюты, блокчейна и биткоина.

- В 1991 году впервые была концептуализирована криптографически защищенная цепочка блоков.
- Почти десять лет спустя, в 2000 году, Стеган Ност опубликовал свою теорию о цепях, защищенных криптографией, а также идеи для практической реализации.
- Через 8 лет после этого Сатоши Накамото выпустил «белую книгу» (белая книга — это подробный отчет и руководство), в которой была создана модель блокчейна, а в 2009 году Накамото внедрил первый блокчейн, который использовался в качестве публичного реестра для транзакций, совершенных с использованием разработанной им криптовалюты под названием Bitcoin.
- Наконец, в 2014 году сценарии использования (прецеденты — это конкретные ситуации, в которых потенциально может быть использован продукт или услуга) для блокчейна и блокчейн-сетей были разработаны за пределами криптовалюты, что открыло возможности биткоина для более широкого мира.

Сколько существует биткоинов?

Максимальное предложение биткоина составляет 21 миллион монет. По состоянию на 2021 год в обращении находится 18,7 миллиона биткоинов, а это означает, что осталось ввести в обращение всего 2,3 миллиона. Из этого числа 900 новых биткойнов добавляются к циркулирующему предложению каждый день за счет вознаграждений за майнинг.[3] Вознаграждение за майнинг — это вознаграждение, предоставляемое компьютерам, которые решают сложные уравнения для обработки и проверки транзакций биткойнов. Люди, которые управляют этими компьютерами, называются «майнерами». Любой желающий может начать майнинг биткоина; Даже простой ПК может стать узлом, то есть компьютером в сети, и начать майнить.

---

[3] «Сколько существует биткоинов? Сколько осталось добывать? (2021)». https://www.buybitcoinworldwide.com/how-many-bitcoins-are-there/.

Как работает Биткоин?

Биткоин, как и практически все криптовалюты, функционирует с помощью технологии блокчейн.

Блокчейн, в его самой простой форме, можно рассматривать как хранение данных в буквальных цепочках блоков. Давайте рассмотрим, как именно блоки и цепочки вступают в игру.

- В каждом блоке будет храниться цифровая информация, такая как время, дата, сумма и т. д. транзакций.
- Блок будет знать, какие стороны участвовали в транзакции, используя ваш «цифровой ключ», который представляет собой строку цифр и букв, которую вы получаете, когда открываете кошелек, в котором хранится ваша криптовалюта.
- Однако блоки не могут работать сами по себе. Блоки нуждаются в проверке с других компьютеров, они же «узлы» в сети.
- Остальные узлы будут проверять информацию одного блока. Как только они проверят данные, и если все будет хорошо, блок и данные, которые он содержит, будут сохранены в публичном реестре.

- Публичный реестр — это база данных, в которой записываются все одобренные транзакции, когда-либо совершенные в сети. Большинство криптовалют, включая биткоин, имеют свой собственный публичный реестр.
- Каждый блок в реестре связан с блоком, который был до него, и блоком, который шел после него. Таким образом, звенья, образующие блоки, создают цепной узор. Таким образом, формируется блокчейн.

> Описание: Блок представляет цифровую информацию, а **цепочка** — то, как эти данные хранятся в базе данных.

Итак, подводя итог нашему предыдущему определению, блокчейн — это новый тип баз данных. Ниже приведена визуализированная разбивка каждого блока в сети.

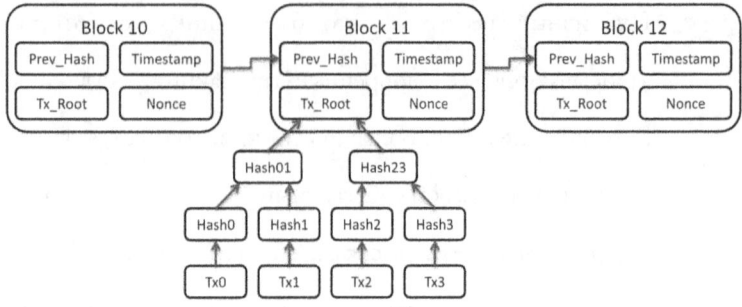

[4]

---

[4] Маттеус Вандер / CC BY-SA 3.0

Что такое биткоин-адреса?

Адрес, также известный как открытый ключ, представляет собой уникальный набор цифр и букв, который функционирует как идентификационный код, сравнимый с номером банковского счета или адресом электронной почты (например: 1BvBESEystWetqTFn3Au6u4FGg7xJaAQN5). С его помощью можно осуществлять транзакции в блокчейне. Адреса подключаются к базовому блокчейну; Например, биткоин-адрес находится в сети Биткоин и блокчейне. Адреса имеют круглые, красочные «логотипы», называемые идентификаторами адресов (или, просто, «значками»). Эти значки позволяют быстро увидеть, правильно ли вы ввели адрес. Каждый раз, когда вы отправляете или получаете криптовалюту, вы будете использовать связанный адрес. Однако адреса не могут хранить активы; Они просто служат идентификаторами, указывающими на кошельки.

Bitcoin Address

SHARE

1DpQP4yKSGWXWrXNkm1YNYBTqEweuQcyYg

Private Key

SECRET

L4NhQX1DFJpFAJJYAHKkpukerqxtjF1XhvR5J2PQcnDparA2vD9M

---

[5] bitaddress.org

Что такое узел Биткоина?

Узел — это компьютер, подключенный к сети блокчейна, который помогает блокчейну в написании и проверке блоков. Некоторые узлы загружают всю историю своего блокчейна; Они называются мастернодами и выполняют больше задач, чем обычные узлы. Кроме того, узлы никоим образом не привязаны к конкретной сети; Узлы могут переключаться на разные блокчейны практически по своему желанию, как в случае с мультипуловым майнингом. В совокупности вся распределенная природа Биткойна и криптовалют, а также многие базовые функции блокчейна и безопасности обеспечиваются концепцией и использованием глобальной системы, основанной на узлах.

Что такое поддержка и сопротивление для биткоина?

Здесь мы углубляемся в технический анализ и торговлю биткоином: поддержка — это цена монеты или токена, при которой этот актив с меньшей вероятностью провалится, поскольку многие люди готовы купить актив по этой цене. Зачастую, если монета достигает уровней поддержки, она разворачивается в восходящий тренд. Обычно это хорошее время для покупки монеты, хотя, если цена упадет ниже уровня поддержки, монета, скорее всего, упадет дальше до другого уровня поддержки. Сопротивление, с другой стороны, - это цена, которую активу трудно пробить, поскольку многие люди считают ее хорошей ценой для продажи. Иногда уровни резистентности могут быть физиологическими. Например, биткоин может столкнуться с сопротивлением на уровне 50 000 долларов, поскольку многие люди думают: «Когда биткоин достигнет 50 000 долларов, я продам». Зачастую, при пробое уровня сопротивления, цена может быстро подняться вверх. Например, если биткоин преодолеет отметку в 50 000 долларов, цена может быстро подняться до 55 000 долларов, после чего он может столкнуться с большим сопротивлением, и тогда 50 000 долларов могут стать новым уровнем поддержки.

⁶Как читать график биткоина?

Это грандиозный вопрос; Чтобы ответить на этот вопрос, в следующем разделе мы рассмотрим наиболее популярные типы графиков, используемых для чтения биткойнов и других криптовалют, а также то, как читать такие графики.

Графики являются основой, по которой можно исследовать цены и находить закономерности. Графики, с одной стороны, просты, а с другой — глубоки и сложны. Начнем с основ; Различные типы диаграмм и их различное использование.

График

---

[6] Основано на изображении CC BY-SA 4.0 от Akash98887 File:Support_and_resistance.png

Линейный график - это график, который представляет цену через одну линию. Большинство диаграмм являются линейными диаграммами, потому что они чрезвычайно просты для понимания, хотя и содержат меньше информации, чем популярные альтернативы. Robinhood и Coinbase (обе из которых ориентированы на менее опытных инвесторов) используют линейные графики в качестве типа графика по умолчанию, в то время как учреждения, ориентированные на более опытную аудиторию, такие как Charles Schwab и Binance, используют другие формы графиков по умолчанию.

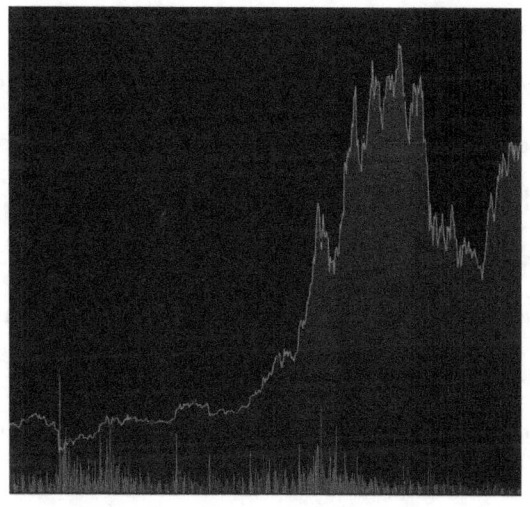

(tradingview.com) Линейный график

Свечной график

Свечные графики являются гораздо более полезной формой отображения информации о монете; Такие графики являются предпочтительными для большинства инвесторов. В пределах заданного периода свечные графики имеют широкое «реальное тело» и чаще всего представляются красным или зеленым цветом (другая распространенная цветовая схема — пустые/белые и заполненные/черные реальные тела). Если он красный (закрашен), то закрытие было ниже открытия (т.е. пошло вниз). Если реальное тело зеленое (пустое), то закрытие было выше открытого (т.е. пошло вверх). Над и под реальными телами находятся «фитили», также известные как «тени». Фитили показывают максимальные и минимальные цены торговли за период. Итак, объединяя то, что мы знаем, если верхний фитиль (он же верхняя тень) находится близко к реальному телу, тем выше монета или токен, достигнутый в течение дня, находится рядом с ценой закрытия. Следовательно, действует и обратное. Вам нужно будет хорошо разбираться в свечных графиках, поэтому я предлагаю вам посетить такой сайт, как tradingview.com, чтобы освоиться.

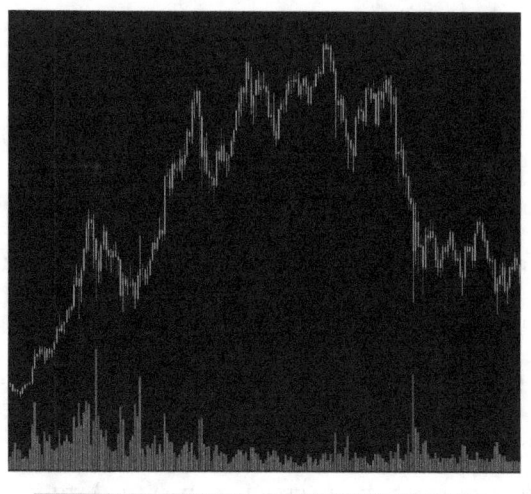

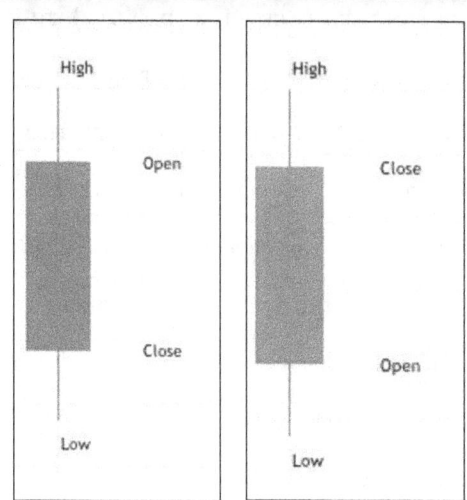

(tradingview.com) Figure 11: Bearish Candle[xi]

Свечной график

График Ренко

Графики Ренко показывают только движение цены и игнорируют время и объем. Ренко происходит от японского термина «renga», означающего «кирпичи». На диаграммах Ренко используются кирпичи (также известные как прямоугольники), обычно красные/зеленые или белые/черные. Боксы Ренко формируются только в правом верхнем или нижнем углу следующего бокса, а следующий бокс может сформироваться только в том случае, если цена проходит верхнюю или нижнюю часть предыдущего бокса. Например, если предопределенная сумма равна «$1» (думайте об этом как о временных интервалах на свечных графиках), то следующий бокс может сформироваться только тогда, когда он пройдет либо $1 выше, либо на $1 ниже цены предыдущего бокса. Эти графики упрощают и «сглаживают» тренды в понятные паттерны, устраняя при этом случайное ценовое действие. Это может облегчить проведение технического анализа, поскольку такие паттерны, как уровни поддержки и сопротивления, отображаются гораздо более явно.

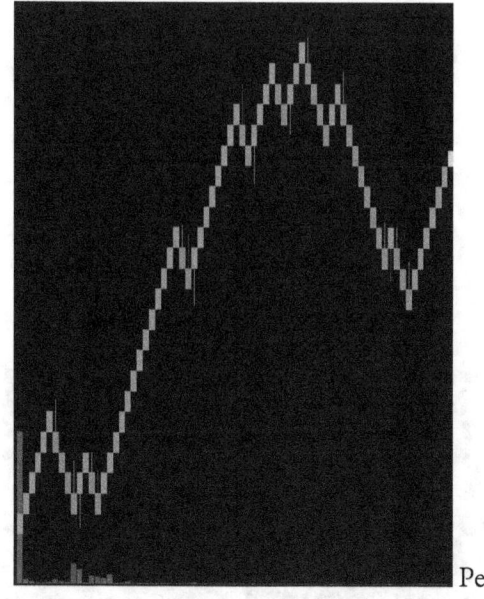
Ренко

Крестики-нолики

Хотя графики крестики-нолики (P&F) не так известны, как другие в этом списке, они имеют долгую историю и репутацию одного из самых простых графиков, используемых для определения хороших точек входа и выхода. Как и графики Ренко, графики P&F не учитывают ход времени напрямую. Скорее, X и Os располагаются в столбцах; каждая буква обозначает выбранное движение цены (так же, как блоки на графиках Ренко). Буквы X означают растущую цену, а Os — падающую. Взгляните на такую последовательность:

```
        X
X O X
X O
X
```

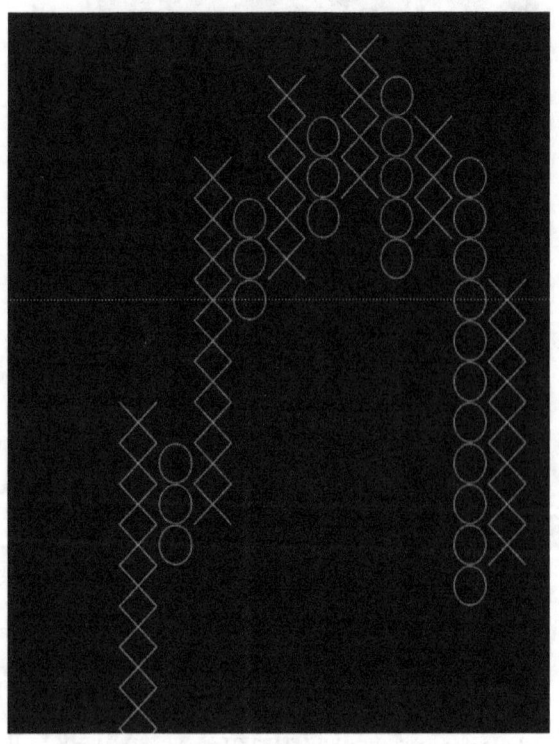

Допустим, выбранное движение цены составляет $10. Мы должны начать с левого нижнего угла: 3 X указывают на то, что цена выросла на 30 долларов, 2 O означают падение на 20

долларов, а затем последние 2 X означают рост на 20 долларов. Время не имеет значения.

Карта Хейкен-Аши

Графики Хейкин-Аши (hik-in-aw-she) представляют собой более простую, сглаженную версию свечных графиков. Они функционируют почти так же, как свечные графики (свечи, фитили, тени и т.д.), за исключением того, что графики HA сглаживают ценовые данные за два периода вместо одного. Это, по сути, делает Heikin Ashi предпочтительнее для многих трейдеров по сравнению со свечными графиками, потому что паттерны и тренды легче обнаружить, а ложные сигналы (небольшие, бессмысленные движения) по большей части опускаются. Тем не менее, более простой внешний вид скрывает некоторые данные, относящиеся к свечам, что отчасти объясняет, почему Хейкин-Аши до сих пор не заменил свечи. Поэтому я предлагаю вам поэкспериментировать с обоими типами диаграмм и выяснить, что лучше всего соответствует вашему стилю и способности различать тренды.

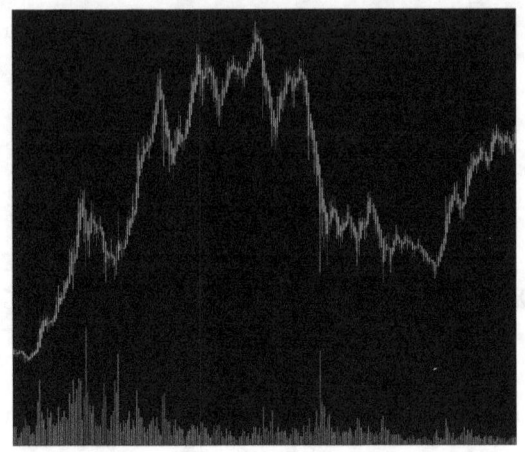

О: Обратите внимание, что тренды на графике Хейкин-Аши более плавные и различимые, чем на свечном графике.

Ресурсы по построению диаграмм

- TradingView (TradingView)

  tradingview.com (лучший в целом, лучший социальный)

- CoinMarketCap (КоинМаркетКап)

  coinmarketcap.com (просто, легко)

- КриптоВотч

    cryptowat.ch (очень устоявшийся, лучше всего подходит для ботов)

- КриптоВью

    cryptoview.com (очень настраиваемый)

-

Классификации графических паттернов

Графические паттерны классифицируются для быстрого понимания роли и назначения. Вот несколько таких классификаций:

Бычий

Все бычьи паттерны, скорее всего, приведут к благоприятному для роста результату, поэтому, например, бычий паттерн может привести к 10% восходящему тренду.

Неотесанный

Все медвежьи паттерны, скорее всего, приведут к благоприятному исходу в сторону снижения, поэтому, например, медвежий паттерн может привести к нисходящему тренду на 10%.

Подсвечник

Свечные модели относятся именно к свечным графикам, а не ко всем графикам. Это связано с тем, что свечные модели полагаются на информацию, которая может быть представлена только в формате свечи (тела и фитиля).

Количество баров/свечей

Количество баров или свечей в паттерне обычно не более трех.

Продолжение

Фигуры продолжения сигнализируют о том, что тренд до паттерна, скорее всего, продолжится. Так, например, если фигура продолжения X формируется на вершине восходящего тренда, то восходящий тренд, скорее всего, продолжится.

Прорыва

Прорыв – это движение выше сопротивления или ниже поддержки. Паттерны пробоя указывают на то, что такое движение вероятно. Направление этого прорыва зависит от паттерна.

Реверсирование

Разворот – это изменение направления движения цены. Разворотный паттерн указывает на то, что направление цены, скорее всего, изменится (так, восходящий тренд станет нисходящим, а нисходящий тренд станет восходящим).

Какие бывают биткоин-кошельки?

Существует несколько различных категорий кошельков, которые отличаются безопасностью, удобством использования и доступностью:

A. *Бумажный кошелек.* Бумажный кошелек определяет хранение приватной информации (открытых ключей, приватных ключей и seed-фраз) на, как следует из названия, бумаге. Это работает, потому что любая пара открытого и закрытого ключей может сформировать кошелек; Онлайн-интерфейс не нужен. Физическое хранение цифровой информации считается более безопасным, чем любая форма онлайн-хранения, просто потому, что онлайн-безопасность сталкивается с целым рядом потенциальных угроз безопасности, в то время как физические активы сталкиваются с небольшими угрозами вторжения при правильном управлении. Чтобы создать бумажный биткоин-кошелек, любой желающий может зайти bitaddress.org сгенерировать публичный адрес и закрытый ключ, а затем распечатать информацию. QR-коды и строки ключей можно использовать для облегчения транзакций. Однако, учитывая проблемы, с которыми сталкиваются держатели бумажных кошельков (повреждение водой, случайная потеря, неизвестность) по сравнению со сверхбезопасными онлайн-вариантами, бумажные кошельки больше не рекомендуются для использования для управления значительными запасами криптовалюты.

Б. *Горячий кошелек/Холодный кошелек.* Горячий кошелек относится к кошельку, который подключен к Интернету; наоборот, холодное хранилище, относится к кошельку, который не подключен к Интернету. Горячие кошельки позволяют владельцу аккаунта отправлять и получать токены; Тем не менее, холодное хранение более безопасно, чем горячее, и предлагает многие преимущества бумажных кошельков без такого большого риска. Большинство бирж позволяют пользователям перемещать активы из горячих кошельков (что используется по умолчанию) в холодные кошельки нажатием нескольких кнопок (Coinbase называет холодное/автономное хранилище «хранилищем»). Чтобы вывести активы из холодного хранилища, требуется несколько дней, что возвращает нас к динамике доступности и безопасности горячего и холодного хранения. Если вы заинтересованы в долгосрочном хранении криптоактива, холодное хранение на вашей бирже — это то, что вам нужно. Если вы планируете активно торговать или заниматься торговлей холдингами, холодное хранение не является приемлемым вариантом.

B. *Аппаратный кошелек.* Аппаратные кошельки — это защищенные физические устройства, на которых хранится ваш приватный ключ. Эта опция позволяет обеспечить некоторую степень онлайн-доступности (поскольку аппаратные кошельки делают доступ к активам очень простым) в сочетании со средствами хранения, которые не подключены к Интернету и, следовательно, являются более безопасными. Некоторые популярные аппаратные кошельки, такие как Ledger (ledger.com), даже предлагают приложения, которые работают в унисон с аппаратными кошельками без ущерба для безопасности. В целом, аппаратные кошельки являются отличным вариантом для серьезных и долгосрочных держателей, хотя необходимо учитывать физическую безопасность; Такие кошельки, как и бумажные кошельки, лучше всего хранить в банках или высококлассных решениях для хранения.

Выгоден ли майнинг биткоина?

Конечно, может быть. Среднегодовая доходность инвестиций в аренду биткойн-майнеров варьируется от высоких однозначных чисел до низких двузначных чисел, в то время как рентабельность инвестиций для самостоятельного майнинга биткойнов варьируется в пределах двузначных чисел (для сравнения, можно ожидать от 20% до 150% в год, в то время как от 40% до 80% является нормальным). В любом случае, эта доходность превосходит историческую доходность фондового рынка и недвижимости в 10%. Тем не менее, майнинг биткойнов является волатильным и дорогим, и множество факторов влияют на доходность каждого человека. В следующем вопросе мы рассмотрим факторы прибыльности майнинга биткойнов, которые дают гораздо лучшее представление о предполагаемой доходности, а также о том, почему некоторые месяцы и майнеры показывают исключительно хорошие результаты, а некоторые нет.

Что влияет на прибыльность майнинга биткоина?

Следующие переменные важны для определения потенциальной прибыльности майнинга биткойнов:

Цена криптовалюты. Основным влияющим фактором является цена данного криптовалютного актива. Рост цены биткоина в 2 раза приводит к увеличению прибыли от майнинга в 2 раза (потому что количество заработанных биткойнов остается прежним, в то время как эквивалентная стоимость меняется), в то время как падение на 50% приводит к половине прибыли. Учитывая волатильный характер криптовалют и особенно биткоина, цену необходимо учитывать. В целом, однако, если вы верите в биткоин и криптовалюты в долгосрочной перспективе, изменения цен не должны повлиять на вас, поскольку вы сосредоточитесь на создании долгосрочного капитала, который может измениться только в зависимости от других факторов в этом списке.

Хешрейт и сложность. HashRate — это скорость, с которой решаются уравнения и находятся блоки. Хешрейт для майнеров примерно приравнивается к заработку, и большее количество майнеров, входящих в систему (таким образом, увеличивая хешрейт сети и связанную с ней «сложность» майнинга, которая является метрикой, описывающей, насколько сложно добывать блоки) разбавляет долю хэша на майнера и, следовательно, прибыльность. Таким образом, конкуренция снижает прибыль за счет сложности и хешрейта.

Цена на электроэнергию. По мере того, как процесс майнинга становится все более сложным, требования к электричеству также увеличиваются. Цена на электроэнергию может стать основным игроком в доходности.

Соединение. Каждые 4 года вознаграждение за блок, запрограммированное в биткоине, уменьшается вдвое, чтобы постепенно уменьшить приток и общее предложение монет. В настоящее время (с 13 мая 2020 года и до 2024 года) вознаграждение майнеров составляет 6,25 биткоина за блок. Однако в 2024 году вознаграждение за блок упадет до 3,125 биткоина за блок и так далее. Таким образом, долгосрочное вознаграждение за майнинг должно падать, если стоимость каждой монеты не вырастет в цене так же или более, как и уменьшение вознаграждения за блок.

Стоимость оборудования. Конечно, фактическая цена оборудования, необходимого для майнинга биткоина, играет большую роль в прибыли и рентабельности инвестиций. Майнинг можно легко настроить на обычных ПК (если он у вас есть, проверьте nicehash.com); Тем не менее, установка полных установок включает в себя затраты на материнские платы, процессоры, видеокарты, графические процессоры, оперативную память, ASIC и многое другое. Самый простой выход — просто купить готовые оснастки, но это предполагает оплату премии. Самостоятельное изготовление экономит деньги, но также требует технических знаний; Как правило, варианты «сделай сам» стоят не менее 3 000 долларов, но обычно ближе к 10 000 долларов. Все эти аппаратные факторы необходимо учитывать, чтобы сделать достойную оценку потенциальной доходности в быстро меняющейся среде майнинга биткойнов и криптовалют.

Подводя итог этому вопросу, можно сказать, что переменные, влияющие на прибыльность майнинга, многочисленны и подвержены быстрым изменениям, а потенциальные доходы смещены в сторону крупных ферм с доступом к дешевой электроэнергии. Тем не менее, майнинг криптовалют, безусловно, по-прежнему очень прибылен, а доходность (исключая возможность обвала всего рынка) была и, вероятно, будет оставаться в течение довольно долгого времени намного выше ожидаемой доходности фондового рынка или нормальной доходности большинства других классов активов.

Существуют ли реальные, физические биткойны?

Физического биткоина нет и, скорее всего, никогда не будет; Ее не зря называют «цифровой валютой». Тем не менее, доступность биткоина со временем будет увеличиваться благодаря лучшим биржам, биткоин-банкоматам, биткоин-дебетовым и кредитным картам и другим услугам. Будем надеяться, что однажды биткоин и другие криптовалюты будут так же просты в использовании, как и физические валюты.

Является ли Биткойн беспроблемным?

Рынок без трения — это идеальная торговая среда, в которой нет никаких издержек или ограничений на транзакции. Рынок Биткойна (состоящий из пар), хотя и находится на пути к беспроблемному процессу (особенно в отношении глобальных денежных переводов), еще не близок к тому, чтобы быть таковым. HTTPS://LibertyTreeCS.New YorkPet.org/2016/03/Is-Bitcoin-Really-Frictionless/

Использует ли Биткойн мнемонические фразы?

Мнемоническая фраза — это термин, эквивалентный seed-фразе; Оба представляют собой последовательности из 12-24 слов, которые идентифицируют и представляют кошельки. Думайте об этом как о резервном пароле; С ним вы никогда не потеряете доступ к своему аккаунту. С другой стороны, если вы его забудете, его невозможно сбросить или вернуть, и любой, у кого он есть, получит доступ к вашему кошельку. Все кошельки, в которых вы можете хранить биткойны, используют мнемонические фразы; Вы всегда должны хранить эти фразы в безопасном и уединенном месте; Лучше всего на бумаге, лучше всего на бумаге в хранилище или сейфе.

Your Seed Phrase

Your Seed Phrase is used to generate and recover your account.

- 1. issue
- 2. flame
- 3. sample
- 4. lyrics
- 5. find
- 6. vault
- 7. announce
- 8. banner
- 9. cute
- 10. damage
- 11. civil
- 12. goat

Please save these 12 words on a piece of paper. The order is important. This seed will allow you to recover your account.

[7]

Можете ли вы вернуть свои биткойны, если отправите их на неправильный адрес?

Адрес возврата — это адрес кошелька, который может служить резервным копированием в случае сбоя транзакции. Если такое событие происходит, то на указанный адрес возврата выдается чарджбек. Если вам когда-нибудь понадобится указать адрес для

---

[7] Лицензия FlippyFlink / CC BY-SA 4.0
File:Creating-Atala_PRISM-crypto_wallet-seed_phrase.png

возврата, убедитесь, что он указан правильно и вы можете получить отправляемый токен.

Безопасен ли биткоин?

Биткойн, управляемый базовой системой блокчейн-сети, является одной из самых безопасных систем в мире по следующим причинам:

А. *Биткоин является публичным.* Биткоин, как и многие криптовалюты, имеет публичный реестр, в котором записываются все транзакции. Поскольку для владения и торговли биткойнами не нужно предоставлять никакой личной информации, а вся информация о транзакциях является общедоступной в блокчейне, злоумышленникам нечего взломать или украсть; Единственной альтернативой взлому сети Биткойн и получению прибыли от нее (исключая человеческие точки отказа, такие как атаки на биржу и потеря паролей; мы сосредоточимся на самом Биткойне) является атака 51%, которая в масштабах Биткойна практически невозможна. Статус «публичного» также связан с тем, что Биткойн не требует разрешения; Никто не контролирует ее, и поэтому никакая субъективная или единичная точка зрения не может повлиять на всю сеть (без согласия всех остальных в сети).

Б. *Биткоин децентрализован.* В настоящее время Биткойн работает через 10 000 узлов, каждый из которых в совокупности служит для проверки транзакций.[8] Поскольку вся сеть проверяет транзакции, нет никакого способа изменить или контролировать транзакции (если, опять же, не контролируется 51% сети). Такая атака, как уже упоминалось, практически невозможна; При текущей цене биткоина злоумышленнику пришлось бы тратить десятки миллионов долларов в день и контролировать объем вычислительных ресурсов, которые просто недоступны.[9] Следовательно, децентрализованный характер проверки данных делает Биткойн чрезвычайно безопасным.

B. *Биткоин необратим.* После того, как транзакции в сети подтверждены, изменить их невозможно, поскольку каждый блок (блок — это пакет новых транзакций) связан с блоками по обе стороны от него, образуя таким образом взаимосвязанную цепочку. После записи блоки не могут быть изменены. Эти два фактора в совокупности предотвращают изменение данных и обеспечивают большую безопасность.

---

[8] «Bitnodes: глобальное распределение узлов биткоина». https://bitnodes.io/. Дата обращения: 30 августа 2021.

[9] «Вам понадобится 21 миллион долларов, чтобы атаковать биткоин в течение одного дня — расшифровать». 31 января 2020 г., https://decrypt.co/18012/you-would-need-21-million-to-attack-bitcoin-for-a-day. Дата обращения: 30 августа 2021.

Г. *Биткоин использует процесс хеширования.* Хеш — это функция, которая преобразует одно значение в другое; хэш в мире криптовалют преобразует ввод букв и цифр (строку) в зашифрованный вывод фиксированного размера. Хеши помогают с шифрованием, потому что «решение» каждого хэша требует работы в обратном направлении для решения чрезвычайно сложной математической задачи; Следовательно, возможность решения этих уравнений основана исключительно на вычислительной мощности. Хеширование имеет следующие преимущества: данные сжимаются, хеш-значения можно сравнивать (в отличие от сравнения данных в исходной форме), а функции хеширования являются одним из наиболее безопасных и защищенных от взлома средств передачи данных (особенно в большом масштабе).

Закончится ли биткоин?

Это зависит от того, что вы имеете в виду под «исчерпанием». Количество биткоинов, добавляемых в сеть каждый год, неизбежно иссякает. Тем не менее, в этот момент различные механизмы предложения (в отличие от биткойна в качестве вознаграждения за майнинг) возьмут верх, и бизнес будет продолжаться в обычном режиме. В этом смысле биткоин никогда не должен иссякнуть.

В чем смысл биткоина?

Основная ценность Биткойна заключается в следующих приложениях: в качестве средства сбережения и средства частных, глобальных и безопасных транзакций. В этом, по сути, и заключается смысл Биткоина; Эта цель была достигнута довольно успешно, учитывая ее историческую доходность и около 300 000 ежедневных транзакций.

Как бы вы объяснили биткоин 5-летнему ребенку?

Биткойн — это компьютерные деньги, которые люди могут использовать для покупки и продажи вещей или для того, чтобы заработать больше денег. Биткоин работает благодаря блокчейну. Блокчейн — это инструмент, который позволяет множеству разных людей безопасно передавать ценную информацию или деньги, не нуждаясь в том, чтобы кто-то другой делал это за них.

Является ли Биткоин компанией?

Биткоин — это не компания. Это сеть компьютеров, выполняющих алгоритмы. Однако, учитывая прогресс программного и аппаратного обеспечения с течением времени и для предотвращения устаревания Биткойна, при создании сети была внедрена система голосования, позволяющая обновлять код и алгоритмы. Система голосования полностью открыта и основана на консенсусе, а это означает, что обновления системы, предложенные разработчиками и волонтерами, должны пройти тщательную проверку со стороны других заинтересованных сторон (поскольку ошибка в обновлении приведет к потере миллионов денег заинтересованных сторон), и обновление будет принято только в том случае, если будет достигнут массовый консенсус. В Bitcoin Foundation (bitcoinfoundation.org) работает несколько штатных разработчиков, которые работают над созданием дорожной карты для биткоина и разработкой обновлений. Однако, опять же, любой, у кого есть что-то, может внести свой вклад, может сделать это, и никакая реальная компания или организация не подает заявку. Кроме того, пользователи не обязаны обновляться, если применяется изменение правила; Они могут придерживаться любой версии, которую захотят. Идеи, лежащие в основе этой системы, весьма удивительны; Идея независимой, основанной на консенсусе сети с открытым исходным кодом находит применение не только в биткоине.

Является ли биткоин мошенничеством?

Биткоин по определению не является мошенничеством. Это финансовый инструмент, созданный командой опытных инженеров. Он стоит триллионы, его невозможно взломать, и основатель не продал никаких активов.[10] Тем не менее, биткоином, безусловно, можно манипулировать, и он очень волатилен. Многие другие криптовалюты на рынке, в отличие от биткоина, являются мошенничеством. Итак, проведите исследование, инвестируйте в известные монеты с авторитетными командами и руководствуйтесь здравым смыслом.

---

[10] Несмотря на то, что состояние Сатоши Накамото оценивается в десятки миллиардов долларов благодаря биткоину, он не продал ни одного из них (в своем известном кошельке). В сочетании с его анонимностью, основатель Биткойна, вероятно, не получил какой-либо большой прибыли от этой валюты, по крайней мере, по сравнению с десятками или сотнями миллиардов, которыми он владеет.

Можно ли взломать биткоин?

Сам Биткойн невозможно взломать, так как вся сеть постоянно проверяется множеством узлов (компьютеров) внутри сети, и поэтому любой злоумышленник может по-настоящему взломать систему только в том случае, если он контролирует 51% или более вычислительной мощности в сети (поскольку контроль большинства может быть использован для проверки чего угодно, независимо от того, правильно это или нет). Учитывая мощность майнинга биткоина, это практически невозможно. Однако слабым местом в безопасности криптовалют являются кошельки пользователей; Кошельки и биржи взломать гораздо проще. Таким образом, несмотря на то, что Биткоин невозможно взломать, ваш Биткоин может быть взломан по вине биржи, а также из-за слабого или случайно переданного пароля. Как правило, если вы придерживаетесь установленных бирж и храните конфиденциальный, безопасный пароль, ваши шансы быть взломанным практически равны нулю.

Кто следит за биткоин-транзакциями?

Каждый узел (компьютер) в сети Биткоин поддерживает полную копию всех транзакций Биткоина. Эта информация используется для проверки транзакций и обеспечения безопасности. Кроме того, все транзакции Bitcoin являются публичными и доступны для просмотра через реестр биткойнов; Вы можете ознакомиться с этим самостоятельно, перейдя по следующей ссылке:

https://www.blockchain.com/btc/unconfirmed-transactions

Может ли кто-нибудь купить и продать биткоин?

Поскольку биткоин децентрализован, покупать и продавать может любой желающий, независимо от внешних факторов или личности. Тем не менее, многие страны требуют, чтобы криптовалюты торговались только через централизованные биржи (в целях налогообложения и безопасности), следовательно, требуют основных требований KYC, таких как идентификация, SSN и т. д. Такие законы не позволяют некоторым людям инвестировать в криптовалюту, а централизованные биржи оставляют за собой право закрывать счета по любой причине.

Является ли Биткоин анонимным?

Как упоминалось в предыдущем вопросе, врожденная система, управляющая Биткойном, обеспечивает полную личную анонимность; Все, что необходимо предоставить для успешной транзакции, — это адрес кошелька. Тем не менее, правительственные распоряжения сделали незаконной торговлю на децентрализованных биржах во многих странах (основным примером являются США). Следовательно, централизованные биржи запрещают юридическую анонимность при торговле криптовалютой.

Могут ли измениться правила биткоина?

Поскольку Биткоин децентрализован, система не может сама себя изменить. Однако правила сети могут быть изменены через консенсус держателей биткоина. Сегодня проекты с открытым исходным кодом обновляют Биткойн, если обновления необходимы, и делают это только в том случае, если изменения приняты сообществом Биткойна.

Стоит ли писать биткоин с заглавной буквы?

Биткоин как сеть должен быть капитализирован. Биткоин как единица не должен быть капитализирован. Например, «после того, как я услышал об идее биткоина, я купил 10 биткоинов».

Что такое протоколы биткоина?

Протокол — это система или процедура, которая контролирует, как что-то должно быть сделано. В криптовалюте и биткоине протоколы являются управляющим уровнем кода. Например, протокол безопасности определяет, как должна осуществляться безопасность, протокол блокчейна управляет тем, как работает блокчейн, а протокол биткоина контролирует функционирование биткоина.

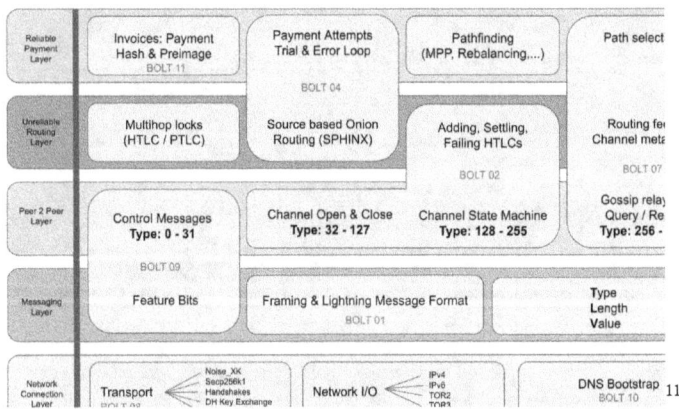

* Это пример протокола, рассматриваемого через призму Lightning Network, которая представляет собой платежный протокол уровня 2, предназначенный для работы поверх таких монет, как Bitcoin и Litecoin, чтобы обеспечить более быстрые

---

[11] Renepick / CC BY-SA 4.0
File:Lightning_Network_Protocol_Suite.png

транзакции и, таким образом, решить проблемы масштабируемости.

Что такое Bitcoin's Ledger?

Реестр Биткойна и все реестры блокчейна хранят данные обо всех финансовых транзакциях, совершенных в данном блокчейне. Криптовалюты используют публичные реестры, что означает, что реестр, используемый для записи всех транзакций, является общедоступным. Вы можете увидеть публичный реестр Биткойна на blockchain.com/explorer.

Hash	Time	Amount (BTC)	Amount (USD)
e3bc0fb2e5f235094f3825ab722ca4dda006c3528db1486012e1395984f8a3ec	12:22	3.40547680 BTC	$170,416.94
80c2a1ab9cc9fc94f082e707640216f3898beb189428840adf169fb2fb150735	12:22	0.52284473 BTC	$26,164.21
f3773b08fdd9b10777e0761dd7d8be8e7953b190546b245fcafef5494124a0e9d	12:22	0.03063826 BTC	$1,533.20
e5e5e9878e6494bb68cea67aef3aee769ef972172db5424797dcd1f8eb7345a9a	12:22	0.00151322 BTC	$75.72
513bcd4212f05ed0d9ad7be40a97e1b4e6fe3456c7d9928e8b1a5219b7a1f33e	12:22	0.84369401 BTC	$42,220.15
37e7a56509c2b095549c3f885e2ded3c0a29f47d5987d84ef5cf4b8ce9992611	12:22	0.00153592 BTC	$76.86
ee7a633c2da6c25125p853903828db74303d2efafdf730b0cc2767d884061754	12:22	0.00210841 BTC	$105.51
d2259896d076a2723259cc55e7131c3d4622ce6a14e37eb51cadd9992f3873c1	12:22	0.00251375 BTC	$125.79
8f7a79519fec4bdb0cc9316e75c13ca1f944c7946faf24004952aa2a0aed072f	12:22	1.60242873 BTC	$80,188.77
7f6fa2f84999a07e03a344aed9ddb34282683afeddfcb611f996109b83bdb11f	12:22	0.00022207 BTC	$11.11
8c9dfdf9b849a1d465d5d2cfcb3185ad91b067d36b4b60b3233d0c78cf859d80	12:22	0.00006000 BTC	$3.00
4dce5a663064l314fff08a30dca8209555563c450acrd01f1f72401b9ffbe24	12:22	0.00761070 BTC	$380.85
7e31b8568d549a894819ed19b11d03025141ca4290fba7699ca73fb82ea0825d	12:22	0.00070686 BTC	$35.36
9fd5d4e37f766c414078c8d2dc8ca48afa6cf00f901d81e61e73a1a874e2beef	12:22	0.00061789 BTC	$30.92
b4dda5555fde5282c1e51fa89e56998e55904b77da983136a62b256aac2960fb	12:22	0.07878440 BTC	$3,941.53
a8f05dce5ca3984bd9fbfb65a52e8a23834597739f1828c368fbc8aba129391a	12:22	1.41705545 BTC	$70,912.32
b80548be59e4be8d3b22294d86c2f0df577a7e58a92961afbb62ba3add06b053	12:22	0.30358853 BTC	$15,192.18
e0fb0dcd87c22b2e11ef7eb3852a7a6a51bca0907d0d8199f6d9e275a410dd8	12:22	0.00712366 BTC	$356.48
f60389c978d4bf68bb32047fbd5efacb046d1f0e09c3c7b2035e5b2b6a852445	12:22	0.00029789 BTC	$14.91
a620e18a7a4538e4cd410f1f9fb213408174f699ffe2d245540b388e7befbfbf	12:22	0.79690506 BTC	$39,878.74
cbdc6ef0689d4a243add5c0b8c40d014d4a33a5e01e6eacd3fbcaffc9aba36c2	12:22	0.54677419 BTC	$27,361.68

* Просмотр публичного реестра биткоина в режиме реального времени с blockchain.com

Что это за сеть Bitcoin?

Биткоин — это P2P (одноранговая) сеть. Одноранговая сеть включает в себя множество компьютеров, работающих друг с другом для выполнения задач. Одноранговые сети не требуют центрального органа и являются неотъемлемой частью блокчейн-сетей и криптовалют.

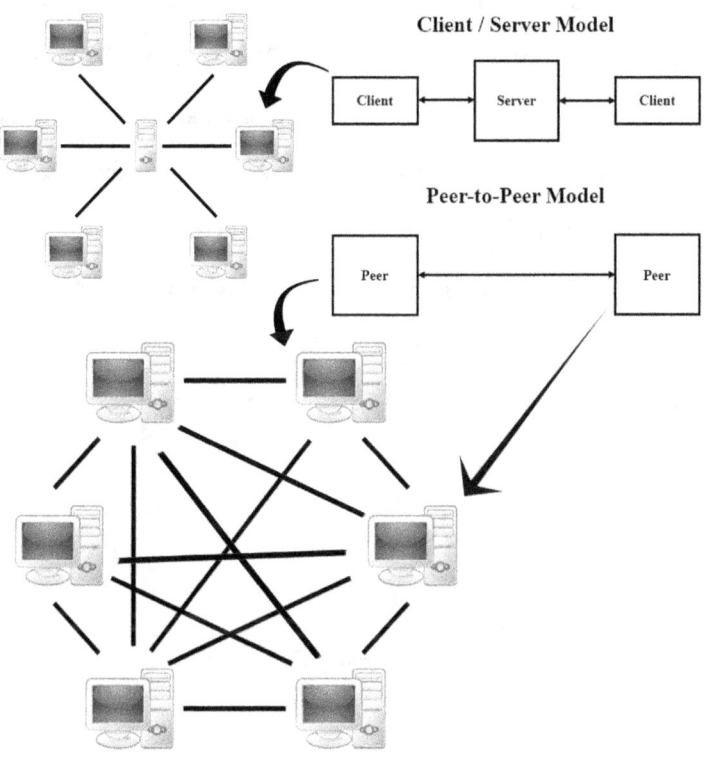

12

---

[12] Создано автором; На основе изображений из следующих источников:

Может ли биткоин по-прежнему оставаться главной криптовалютой, когда он достигнет максимального предложения?

Запасы биткоина действительно закончатся, но это произойдет в 2140 году. К этому моменту все 21 миллион BTC будут находиться в сети, и для дальнейшего выживания сети должна быть внедрена другая система поощрения или предложения. Тем не менее, гадать, будет ли Bitoin главной криптовалютой в 2140 году, это все равно, что спрашивать в 1900 году, каким будет 2020 год; Разница в технологиях почти невероятно велика, и о технологической среде в 22 веке можно только догадываться. Посмотрим.

Мауро Биг / GNU GPL / File:Server-based-network.svg
Людовик Ферре / ДПМ / File:P2P-network.svg
Мишель Банки / CC BY-SA 4.0 / File:Client-server_Vs_peer-to-peer_-_en.png

Сколько денег зарабатывают майнеры биткоина?

Майнеры биткоина в совокупности зарабатывают около 45 миллионов долларов в день и 1,9 миллиона долларов в час (6,25 биткойна за блок, 144 блока в день). Прибыль на майнер зависит от мощности хеширования, стоимости электроэнергии, комиссии пула (если он в пуле), энергопотребления и стоимости оборудования; Онлайн-калькуляторы майнинга могут оценить прибыль на основе всех этих факторов. Самый популярный из этих калькуляторов, предоставленный Nicehash, можно найти на https://www.nicehash.com/profitability-calculator.

Какова высота блока Биткоина?

Высота блока — это количество блоков в блокчейне. Высота 0 — это первый блок (также называемый «генезис-блоком»), высота 1 — второй блок и так далее; текущая высота блока Биткоина составляет более полумиллиона. «Время генерации блока» Биткойна в настоящее время составляет около 10 минут, что означает, что один новый блок добавляется в блокчейн Биткойна примерно каждые 10 минут.

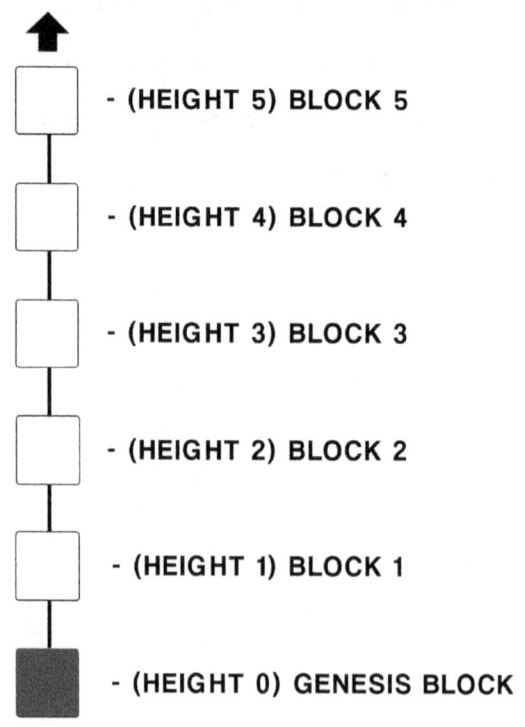

[13]

---

[13] Создание автора. Можно использовать по лицензии CC BY-SA 4.0.

Использует ли биткоин атомарные свопы?

Атомарный своп — это технология смарт-контрактов, которая позволяет пользователям обменивать две разные монеты друг на друга без стороннего посредника, обычно биржи, и без необходимости покупать или продавать. Централизованные биржи, такие как Coinbase, не могут выполнять атомарные свопы. Вместо этого децентрализованные биржи позволяют проводить атомарные свопы и дают полный контроль конечным пользователям.

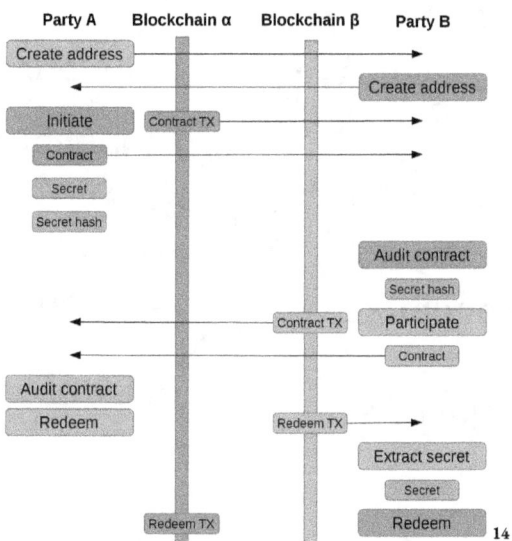

*Визуализация рабочего процесса атомарного свопа.

---

[14] Nickboariu / CC BY-SA 4.0 / File:Atomic_Swap_Workflow.svg

Что такое пулы для майнинга биткоинов?

Майнинговые пулы, также известные как групповой майнинг, относятся к группам людей или организаций, которые объединяют свои вычислительные мощности, чтобы добывать вместе и делить вознаграждение. Это также обеспечивает стабильный, а не спорадический заработок.

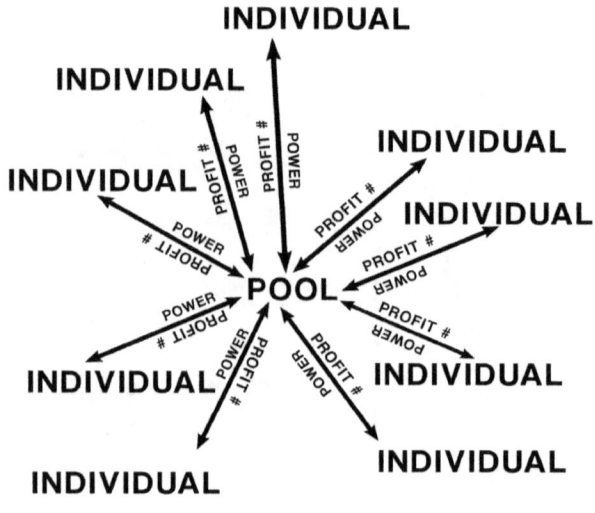

---

[15] Оригинальная работа автора. Может использоваться под лицензией CC BY-SA 4.0

Кто является крупнейшими майнерами биткоина?

На рисунке 2.3 показана разбивка распределения майнеров биткоина. Большие блоки — это все майнинговые пулы, а не отдельные майнеры, поскольку пулы обеспечивают массовое масштабирование (с точки зрения вычислительной мощности) за счет использования сети отдельных лиц. Это, по сути, применяет к майнингу очень похожую на биткоин концепцию распределения. Крупнейшими биткойн-пулами являются Antpool (пул для майнинга с открытым доступом), ViaBTC (известный своей безопасностью и стабильностью), Slush Pool (старейший майнинговый пул) и BTC.com (крупнейший из четырех).

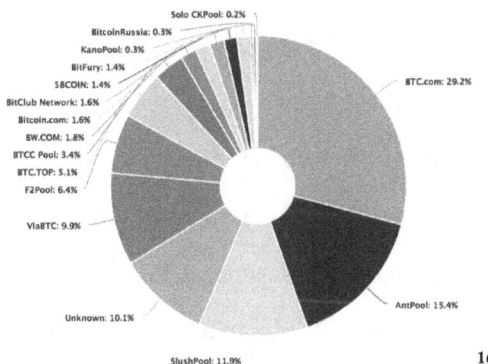

[16] «Распределение майнинга биткойнов 3 | Скачать научную диаграмму». https://www.researchgate.net/figure/Bitcoin-Mining-

Технология биткоина устарела?

Да, технология, лежащая в основе биткоина, устарела по сравнению с новыми конкурентами. Биткойн проделал работу первопроходца и выступил в качестве доказательства концепции для криптовалют, но, как и в случае со всеми технологиями, инновации продвигаются вперед, и для того, чтобы идти в ногу с такими инновациями, требуются согласованные обновления, которых у Биткойна не было. Сеть Bitcoin может обрабатывать около 7 транзакций в секунду, в то время как Ethereum (вторая по величине криптовалюта по рыночной капитализации) может обрабатывать 30 транзакций в секунду, а Cardano, третья по величине и гораздо более новая криптовалюта, может обрабатывать около 1 миллиона транзакций в секунду. Перегрузка сети Биткоин приводит к гораздо более высоким комиссиям. Таким образом, а также в плане программируемости, конфиденциальности и использования энергии, Биткойн несколько устарел. Это не значит, что он не работает; Это просто означает, что либо должны быть реализованы серьезные обновления, либо пользовательский опыт станет хуже, а конкуренты будут процветать. Однако, несмотря на это, Биткойн имеет огромную ценность бренда, огромный

Distribution-3_fig3_328150068. Дата обращения: 2 сентября 2021.

масштаб использования и внедрения, а также протоколы, которые выполняют свою работу безопасным образом; Это просто означает, что это не игра с нулевой суммой и, скорее всего, закончится в лучшем или худшем сценарии. Скорее всего, мы увидим промежуточный сценарий, в котором биткоин продолжит сталкиваться с проблемами, продолжит внедрять решения и продолжит расти (хотя в какой-то момент рост должен будет замедлиться) по мере роста криптопространства.

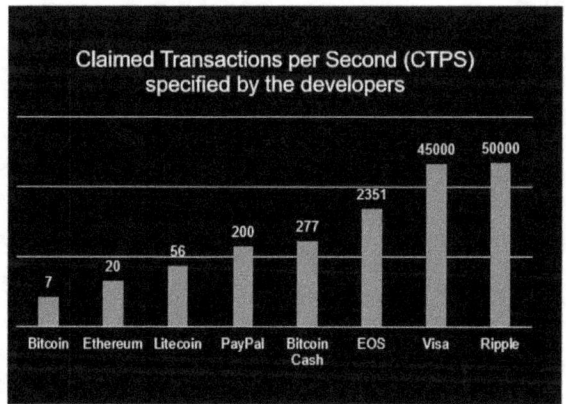

[17] https://investerest.vontobel.com/

---

[17] "Объяснение Биткойна - Глава 7: Масштабируемость Биткойна - Investerest." https://investerest.vontobel.com/en-dk/articles/13323/bitcoin-explained---chapter-7-bitcoins-scalability/. Дата обращения: 4 сентября 2021.

Что такое узел Биткоина?

Узел — это компьютер (узлом может быть любой компьютер, а не какой-либо конкретный тип), который подключен к сети блокчейна и помогает блокчейну записывать и проверять блоки. Некоторые узлы загружают всю историю своего блокчейна; Они называются мастернодами и выполняют больше задач, чем обычные узлы. Кроме того, узлы никоим образом не привязаны к конкретной сети; Узлы могут переключаться на множество различных блокчейнов практически по своему желанию, как в случае с мультипуловым майнингом.

Как работает механизм предложения биткоина?

Биткоин использует механизм поставки PoW. Механизм предложения — это способ, с помощью которого новые токены вводятся в сеть. PoW, или «Proof of work» буквально означает, что для создания блоков требуется работа (в терминах математических уравнений). Люди, которые выполняют эту работу, — это шахтеры.

Как рассчитывается рыночная капитализация биткоина?

Уравнение рыночной капитализации очень простое: # единиц х цена за единицу. «Единицы» биткоина — это монеты, поэтому, чтобы рассчитать рыночную капитализацию, можно умножить циркулирующее предложение (около 18,8 миллиона) на цену за монету (около 50 000 долларов США). Полученное число (в данном случае 940 миллиардов) и есть рыночная капитализация.

Можете ли вы давать и получать кредиты в биткойнах?

Да, вы можете использовать биткоин и другие криптовалюты, чтобы взять кредит в долларах США. Такие кредиты идеально подходят для людей, которые не хотят продавать свои биткойны, но которым нужны деньги для таких расходов, как оплата автомобиля или недвижимости, путешествия, покупка недвижимости и т. д. Получение кредита позволяет держателю сохранить свои активы, но при этом воспользоваться стоимостью, заблокированной в активе. Кроме того, биткойн-кредиты имеют чрезвычайно быстрое время оформления и принятия, кредитный рейтинг не имеет значения, а кредиты предоставляются с некоторой степенью конфиденциальности (это означает, что кредиторы не заинтересованы в том, на что вы тратите деньги). Для кредитора это хорошая стратегия для получения дохода от сидячих владений; с обеих сторон риск во многом связан с колебаниями биткоина. В любом случае, это интригующий бизнес, который только начинается и имеет действительно огромный потенциал роста. Самыми популярными сервисами для выдачи и получения займов в биткойнах и монетах являются blockfi.com, lendabit, youhodler, btcpop, coinloan.io и mycred.io.

Каковы самые большие проблемы с биткоином?

Биткоин, к сожалению, не идеален. Он был первым в своем роде, и ни одна новая технология не совершенствуется с первой попытки. Самая большая текущая и долгосрочная проблема, стоящая перед биткоином, — это проблема энергии и масштаба. Биткойн работает через систему PoW (proof-of-work), и его недостатком является высокое потребление энергии; Биткоин в настоящее время потребляет 78 тВт/час в год (большая часть, хотя и не все, использует углерод). Тераватт-час — это единица энергии, равная выработке одного триллиона ватт в течение одного часа. Несмотря на это, сеть Биткоин потребляет в три раза меньше энергии, чем традиционная денежная система; Проблема заключается в потреблении энергии при массовом внедрении и в использовании энергии по сравнению с другими криптовалютами.[18] Система PoS (proof-of-stake), такая как Ethereum, потребляет на 99,95% меньше энергии, чем альтернатива PoW.[19] Это важнее, чем любые данные об

---

[18] «Банки потребляют в три раза больше энергии, чем биткоин...» https://bitcoinist.com/banks-consume-energy-bitcoin/.

[19] «Proof-of-Stake может сделать Ethereum на 99,95% более энергоэффективным...» https://www.morningbrew.com/emerging-tech/stories/2021/05/19/proofofstake-make-ethereum-9995-energyefficient-work.

абсолютном потреблении энергии, потому что это намекает на тот факт, что Биткойн может потреблять гораздо меньше энергии, чем сейчас, даже если до идеальной потребности в энергии еще далеко. Помимо масштаба, не менее важной проблемой, стоящей перед биткоином в долгосрочной перспективе (не с точки зрения выживания, а с точки зрения ценности), является полезность. Биткойн имеет небольшую внутреннюю полезность и служит скорее средством сбережения, чем технологией. Можно утверждать, что Биткойн заполняет нишу и действует как цифровое золото, но обоюдоострый меч сидячей ниши заключается в том, что волатильность Биткойна чрезвычайно высока для долгосрочного средства сбережения, и в какой-то момент либо волатильность должна снизиться, либо использование останется ограниченным демографической группой, которая чувствует себя комфортно с высокой волатильностью. По крайней мере, вопрос полезности поднимает вопрос об альтернативах альткоинам; поскольку варианты использования криптовалют разнообразны, особенно в отношении полезности, и, следовательно, криптовалюты, отличные от биткойна, должны и будут существовать в больших масштабах в долгосрочной перспективе. Вопрос о том, какой именно, при правильном ответе будет очень выгодным.

Есть ли у биткоина монеты или токены?

Биткоин состоит из монет, но важно понимать разницу между токенами и монетами. Криптовалютный токен — это цифровая единица, которая представляет собой актив, как и монета. Однако, в то время как монеты построены на собственном блокчейне, токены построены на другом блокчейне. Многие токены используют блокчейн Ethereum, и поэтому их называют токенами, а не монетами. Монеты используются только в качестве денег, в то время как токены имеют более широкий спектр применения. Понимание токенов является неотъемлемой частью понимания того, чем именно вы торгуете, а также понимания всех видов использования цифровых валют, и по этим причинам здесь анализируются наиболее популярные подкатегории токенов:

A. *Security-токены* представляют собой законное право собственности на актив, будь то цифровой или физический. Слово «безопасность» в security-токенах не означает безопасность как безопасность, а скорее «безопасность» относится к любому финансовому инструменту, который имеет ценность и может быть продан. По сути, security-токены представляют собой инвестицию или актив.

Б. *Служебные токены* встроены в существующий протокол и могут получать доступ к сервисам этого протокола. Помните, что протоколы предоставляют правила и структуру, которым должны следовать узлы, а служебные токены можно использовать для более широких целей, чем просто в качестве платежного токена. Например, служебные токены обычно выдаются инвесторам во время ICO. Затем, позже, инвесторы могут использовать полученные служебные токены в качестве платежного средства на платформе, с которой они получили токены. Главное, что следует иметь в виду, это то, что служебные токены могут делать больше, чем просто служить средством для покупки или продажи товаров и услуг.

В. *Токены управления* используются для создания и запуска системы голосования за криптовалюты, которая позволяет обновлять систему без централизованного владельца.

Г. *Платежные (транзакционные) токены* используются исключительно для оплаты товаров и услуг.

Можно ли заработать деньги, просто держа биткоин?

Многие монеты будут предоставлять вознаграждение только за владение активом; Держатели Ethereum скоро будут получать 5% годовых на ETH в стейкинге. Тем не менее, важным словом является «стейкинг», потому что все монеты, которые предлагают деньги только за хранение монеты или токена (так называемые «вознаграждения за стейкинг»), работают по системе и алгоритму PoS (proof-of-stake). Алгоритм PoS — это альтернатива PoW (proof-of-work), которая позволяет человеку майнить и подтверждать транзакции на основе количества принадлежащих монет. Таким образом, с PoS, чем больше вы владеете, тем больше вы добываете. Ethereum вскоре может работать на proof-of-stake, и многие альтернативы уже работают. Тем не менее, вы по-прежнему можете зарабатывать проценты на свои биткойны, одалживая их заемщикам.

Есть ли у биткоина проскальзывание?

Чтобы обеспечить некоторый контекст, проскальзывание может произойти, когда сделка размещается рыночным ордером. Рыночные ордера стараются исполняться по наилучшей возможной цене, но иногда возникает заметная разница между ожидаемой и фактической ценой. Например, вы можете увидеть, что examplecoin стоит 100 долларов, поэтому вы выставляете рыночный ордер на 1000 долларов. Тем не менее, в конечном итоге вы получите только 9,8 examplecoin за свои $1000, в отличие от ожидаемых 10. Проскальзывание происходит из-за того, что спреды между спросом и предложением быстро меняются (по сути, изменилась рыночная цена). Биткоин и большинство криптовалют подвержены проскальзыванию; По этой причине, если вы размещаете крупный ордер, подумайте о размещении лимитного ордера, а не рыночного ордера. Это исключит проскальзывание.

Какие аббревиатуры биткоина я должен знать?

ATX

Аббревиатура, означающая «все время под кайфом». Это самая высокая цена, которой достигла криптовалюта за выбранный период времени.

ATL

Аббревиатура, означающая «всегда низкий». Это самая низкая цена, которой достигла криптовалюта за выбранный период времени.

БТД

Аббревиатура, означающая «Покупай на падении». Может также быть представлен, наряду с некоторыми солеными формулировками, как BTFD.

На КЭКС

Аббревиатура, означающая «централизованная биржа». Централизованные биржи принадлежат компании, которая управляет транзакциями. Coinbase — популярная CEX.

ICO

«Первичное размещение монет».

P2П

«Ноги есть ноги».

ПНД

«Накачиваем и сбрасываем».

Окупаемость инвестиций

«Окупаемость инвестиций».

Распределенный реестр

Аббревиатура, означающая «технология распределенного реестра». Распределенный реестр — это реестр, который хранится в разных местах, чтобы транзакции могли быть проверены несколькими сторонами. Блокчейн-сети используют распределенные реестры.

САТС

SATS — это сокращение от имени Сатоши Накамото, псевдонима, используемого создателем биткоина. SATS — это наименьшая разрешенная единица биткоина, которая составляет

0,000000001 BTC. Самая маленькая единица биткоина также называется просто сатоши.

Какой сленг биткоина я должен знать?

Сумка

Сумка относится к положению человека. Например, если у вас есть значительное количество монет, у вас есть мешок с ними.

Держатель для сумки

Держатель мешка — это трейдер, у которого есть позиция в ничего не стоящей монете. Держатели сумок часто надеются на свое никчемное положение

Дельфин

Держатели криптовалюты классифицируются по нескольким разным животным. Те, у кого очень большие владения, например, в 10 миллионов, называются китами, в то время как те, у кого есть запасы среднего размера, называются дельфинами.

Флиппенинг / Флоппинг

«Флиппенинг» используется для описания гипотетического момента, когда, если это вообще возможно, Etherium (ETH) обогнал Bitcoin (BTC) по рыночной капитализации.

«Флоппингом» стал момент, когда Litecoin (LTC) обогнал Bitcoin Cash (BCH) по рыночной капитализации. Колебания произошли в 2018 году, в то время как флиппенинг еще не произошел, и, основываясь исключительно на рыночной капитализации, вряд ли когда-либо произойдет.

Луна / На Луну

Такие термины, как «на Луну» и «на Луну», просто относятся к криптовалюте, которая растет в цене, как правило, на экстремальную величину.

Vaporware

Vaporware — это монета или токен, который был раскручен, но имеет небольшую внутреннюю ценность и, вероятно, снизится в цене.

Владимирский клуб

Термин, описывающий человека, который приобрел 1% от 1% (0,01%) от максимального предложения криптовалюты.

Слабые руки

Трейдерам, у которых «слабые руки», не хватает уверенности, чтобы держать свои активы в магазине. сталкиваются с волатильностью и часто торгуют на эмоциях, а не придерживаются своего торгового плана.

РЕКТ

Фонетическое написание слова «потерпел крушение».

HODL

«Держись, дорогая жизнь».

ДИОР

«Проведите собственное исследование».

Синдром упущенной выгоды (FOMO)

«Страх упустить что-то».

ФУД

«Страх, неуверенность и сомнение».

ДЖОМО

«Радость от упущенной выгоды».

ЭЛИ5

«Объясни так, как будто мне 5 лет».

Можете ли вы использовать кредитное плечо и маржу для торговли биткойнами?

Чтобы обеспечить контекст для тех, кто не знаком с торговлей с кредитным плечом, трейдеры могут использовать торговую силу, торгуя на заемные средства от третьей стороны. Например, предположим, что у вас есть 1 000 долларов и вы используете 5-кратное кредитное плечо; Теперь вы торгуете средствами на сумму 5 000 долларов, из которых 4 000 долларов вы заимствовали. По той же функции 10-кратное кредитное плечо составляет 10 000 долларов, а 100-кратное — 100 000 долларов. Кредитное плечо позволяет вам увеличить прибыль, используя деньги, которые вам не принадлежат, и оставляя себе часть дополнительной прибыли. Маржинальная торговля почти взаимозаменяема с торговлей с кредитным плечом (поскольку маржа создает кредитное плечо), и единственное отличие заключается в том, что маржа выражается в процентах от требуемого депозита, в то время как кредитное плечо является коэффициентом (это означает, что вы можете торговать маржой с 3-кратным кредитным плечом). Кредитное плечо и маржинальная торговля очень рискованны; Вообще говоря, если у вас нет опытного трейдера и у вас нет финансовой стабильности, торговля с кредитным плечом не рекомендуется. Тем не менее, многие биржи предлагают услуги по торговле биткойнами и другими криптовалютами с кредитным плечом. Ниже перечислены лучшие сервисы, предлагающие торговлю криптовалютой с кредитным плечом:

- Binance (популярная, лучшая в целом)
- Bybit (лучшие чарты)
- BitMEX (самый простой в использовании)
- Deribit (лучше всего подходит для торговли биткойнами с кредитным плечом)
- Kraken (популярный, удобный)
- Poloniex (высокая ликвидность)

Что такое пузырь биткоина?

Пузырь в биткоине и всех инвестициях относится к времени, в течение которого все растет с неустойчивой скоростью. Часто пузыри лопаются и вызывают большой сбой. По этой причине нахождение в пузыре, независимо от того, относится ли оно к рынку в целом или к конкретной монете или токену, является одновременно и хорошим, и (более того) плохим явлением.

Что значит быть «бычьим» или «медвежьим» по отношению к биткоину?

Быть медведем означает, что вы думаете, что цена монеты, токена или стоимость рынка в целом будет падать. Если вы думаете таким образом, вы также считаетесь «медвежьим» по данной ценной бумаге. Наоборот, быть бычьим: человек, который думает, что ценная бумага будет расти в цене, настроен оптимистично по отношению к этой ценной бумаге. Эти слова были популяризированы в терминологии фондового рынка, и считается, что их происхождение связано с особенностями животных: бык вытягивает рога вверх, нападая на противника, в то время как медведь встает и проводит пальцем вниз.

Цикличен ли биткоин?

Да, биткоин исторически цикличен и имеет тенденцию работать на многолетних циклах (в частности, 4-летних циклах), которые исторически разбивались на следующие: прорывные максимумы, коррекция, накопление и, наконец, восстановление и продолжение. Это можно упростить до большого подъема, большого падения, небольшого подъема или бокового движения и большого подъема. Прорывные максимумы обычно следуют (обычно через год или около того) за халвингом биткоина, который происходит каждые четыре года (последний из которых произошел в 2020 году). Это, ни в коем случае, не точная наука, но она дает некоторое представление о среднесрочном потенциале и ценовом движении Биткойна. Кроме того, большие скачки альткоинов (особенно средних и мелких альткоинов) обычно происходят в то время, когда биткоин не совершает ни крупного восходящего, ни крупного движения вниз, а часто следует за большим восходящим движением. В такой момент инвесторы фиксируют прибыль биткоина (пока цена консолидируется) и вкладывают ее в более мелкие монеты. Итак, обо всем этом, как правило, стоит задуматься, особенно если вы думаете о покупке или продаже биткоина.

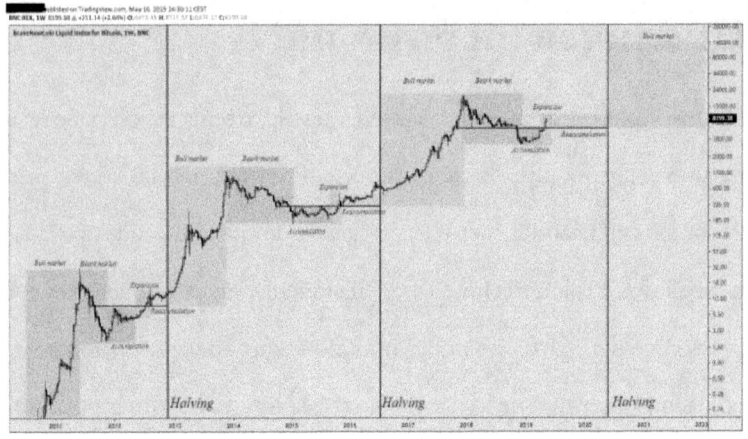

2021

22

20

[21] «Подробная разбивка четырехлетних циклов биткоина | Академия Форекс». 10 февраля 2021, https://www.forex.academy/detailed-breakdown-of-bitcoins-four-years-cycles/. Дата обращения: 4 сентября 2021.
[22] «Подробная разбивка четырехлетних циклов биткоина | Хакерский полдень». 29 октября 2020 г., https://hackernoon.com/a-detailed-breakdown-of-bitcoins-four-year-cycles-icp3z0q. Дата обращения: 4 сентября 2021.

В чем полезность биткоина?

Полезность монеты или токена является одним из наиболее важных аспектов комплексной проверки, поскольку понимание текущей и долгосрочной полезности и ценности монеты или токена позволяет провести гораздо более четкий анализ потенциала. Полезность определяется как полезная и функциональная; Криптомонеты или токены с полезностью имеют реальное, практическое применение: они не просто существуют, а скорее служат для решения проблемы или предлагают услугу. Монеты с наиболее функциональным текущим использованием и вариантами использования, скорее всего, будут успешными, в отличие от монет без постоянной цели, использования и инноваций. Вот несколько примеров из практики, в том числе и в случае с биткоином:

- ❖ Биткоин (BTC) служит надежным и долгосрочным средством сбережения, сродни «цифровому золоту».
- ❖ Ethereum (ETH) позволяет создавать децентрализованные приложения и смарт-контракты на основе блокчейна Ethereum.
- ❖ Storj (STORJ) можно использовать для хранения данных в облаке децентрализованным образом, аналогично Google Drive и Dropbox.

❖ Basic Attention Token (BAT) используется в браузере Brave для получения вознаграждений и отправки чаевых создателям.

❖ Golem (GNT) — это глобальный суперкомпьютер, который предлагает арендуемые вычислительные ресурсы в обмен на токены GNT.

Что лучше: держать биткоин или торговать им?

Исторически сложилось так, что выгоднее и проще просто держать биткоин. Время, усилия и время, необходимые для успешной торговли (или для получения большей прибыли, чем те, кто держит), представляют собой чрезвычайно сложную смесь; Те, кто этим занимается, как правило, являются профессиональными трейдерами или имеют доступ к инструментам, которых нет у других. Если вы не готовы принять такой уровень самоотверженности или вам действительно нравится процесс, вам гораздо лучше держать и покупать биткойны в долгосрочной перспективе.

Рискованно ли инвестировать в биткоин?

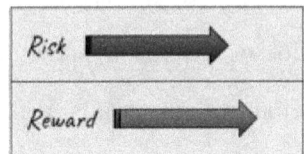

Приведенное выше изображение основано на принципе соотношения риска и доходности. Когда кто-то видит, что все остальные зарабатывают деньги (что в значительной степени и опасно делают социальные сети, поскольку все публикуют выигрыши, а не проигрыши), как это в настоящее время происходит на криптовалютном рынке, мы склонны подсознательно (или сознательно) предполагать отсутствие значительного риска. Однако, вообще говоря, (особенно в отношении инвестиций), чем больше вознаграждение, тем больше риск. Инвестирование в криптовалюты не является ни безрисковым, ни низким риском; Это чрезвычайно рискованно, но, будучи обоюдоострым мечом, оно также предлагает чрезвычайную награду.

Что такое белая книга биткоина?

Белая книга — это информационный отчет, выпущенный организацией о данном продукте, услуге или общей идее. Технические документы объясняют (на самом деле, продают) концепцию и дают идею и график будущих мероприятий. Как правило, это помогает читателям понять проблему, понять, как создатели статьи намерены решить эту проблему, и сформировать мнение об этом проекте. В бизнес-пространстве часто встречаются три типа технических документов: во-первых, «справочная информация», которая объясняет предысторию продукта, услуги или идеи, а также предоставляет техническую, ориентированную на образование информацию, которая продает читателя. Второй тип «белой бумаги» — это «нумерованный список», который отображает содержимое в удобоваримом, ориентированном на цифры формате. Например, «10 вариантов использования монеты CM» или «10 причин, по которым токен HL будет доминировать на рынке». Окончательный тип — это технический документ о проблеме/решении, который определяет проблему, на решение которой направлен продукт, услуга или идея, и объясняет созданное решение.

Технические документы используются в криптопространстве для объяснения новых концепций, а также технических аспектов, видения и планов, связанных с данным проектом. Все профессиональные криптопроекты имеют white paper, который обычно можно найти на их веб-сайте. Прочтение технического документа дает вам лучшее представление о проекте, чем практически любой другой источник доступной информации.

Белая книга биткоина была опубликована в 2008 году и изложила принципы прозрачной и неконтролируемой, криптографически безопасной, распределенной и P2P-системы электронных платежей. Вы можете ознакомиться с оригинальной белой книгой биткоина по следующей ссылке:

bitcoin.org/bitcoin.pdf

Ниже приведены несколько веб-сайтов, которые предоставляют дополнительную информацию о технических документах криптовалюты или доступ к ним.

Все технические документы по криптовалютам

https://www.allcryptowhitepapers.com/

КриптоРейтинг

https://cryptorating.eu/whitepapers/

КоинДеск

https://www.coindesk.com/tag/white-papers

Что такое биткоин-ключи?

Ключ — это случайная строка символов, используемая алгоритмами для шифрования данных. Биткоин и большинство криптовалют используют два ключа: открытый и закрытый. Оба ключа представляют собой строки букв и цифр. Как только пользователь инициирует свою первую транзакцию, создается пара открытого и закрытого ключей. Публичный ключ используется для получения криптовалюты, в то время как закрытый ключ позволяет пользователю осуществлять транзакции со своего счета. Оба ключа хранятся в кошельке.

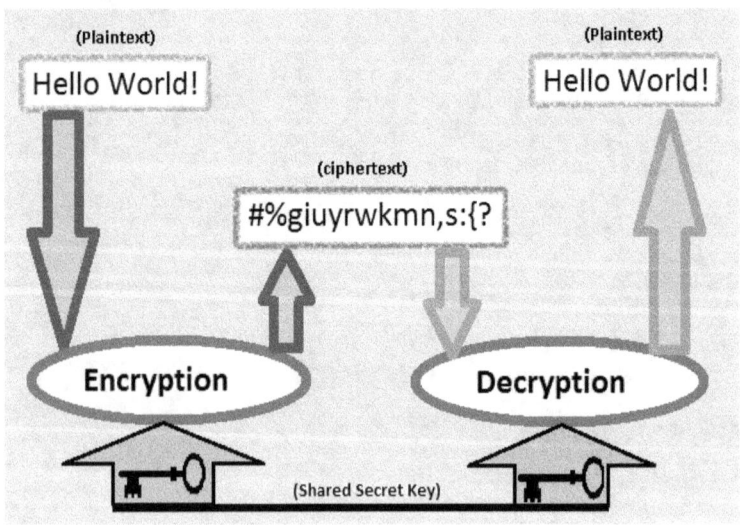

23

---

[23] Dev-NJITWILL / PDM / File:Crypto.png

Является ли биткоин дефицитным?

Да. Биткоин — дефляционный актив с фиксированным предложением. Криптовалюты с фиксированным предложением имеют алгоритмический лимит предложения. Биткойн, как уже упоминалось, является активом с фиксированным предложением, поскольку после того, как 21 миллион монет будет введен в обращение, больше не может быть создано. В настоящее время почти 90% биткоина добыто и около 0,5% от общего предложения изымается из обращения в год (из-за отправки монет на недоступные счета). Согласно халвингу (о котором будет рассказано позже), биткоин достигнет своего максимального предложения примерно в 2140 году. Многие другие криптовалюты (взятые с веб-сайта cryptoli.st, проверьте их сами, если вас интересуют другие списки криптовалют), такие как Binance Coin (BNB), Cardano (ADA), Litecoin (LTC) и ChainLink (LINK), также основаны на дефляционной системе с фиксированным предложением. Дальнейшая информация о концепции дефляционных систем и о том, почему это делает биткоин дефицитным, изложена в вопросе «Что означает дефляционный биткоин?» ниже.

Что такое биткоин-киты?

Киты в криптовалюте относятся к физическим или юридическим лицам, которые владеют достаточным количеством данной монеты или токена, чтобы считаться крупными игроками с потенциалом влиять на ценовое действие. Около 1000 отдельных биткойн-китов владеют 40% всех биткойнов, а 13% всех биткойнов хранятся чуть более чем на 100 счетах.[24] Биткойн-киты могут манипулировать ценой биткоина с помощью различных стратегий, и, безусловно, в последние годы это делается. Интересная статья на эту тему (опубликованная Medium) называется «Биткойн-киты и манипулирование рынком криптовалют».

---

[24] «Странный мир биткойн-китов» 22 января 2021 г., https://www.telegraph.co.uk/technology/2021/01/22/weird-world-bitcoin-whales-2500-people-control-40pc-market/.

Кто такие майнеры биткоина?

Майнеры биткоина — это все, кто предоставляет вычислительную мощность сети биткоина. Это может быть как пользователи ПК Nicehash, так и целые майнинговые фермы; Любой, кто добавляет какую-либо мощность в сеть (тем самым увеличивая хешрейт), определяется как майнер. Майнеры биткоина предлагают вычислительную мощность сети биткоина, которая используется для проверки транзакций и добавления блоков в блокчейн в обмен на вознаграждение в биткойнах.

Что значит «сжечь» биткоин?

Термин «сожженный» относится к процессу сжигания, который представляет собой механизм предложения, который позволяет выводить монеты из обращения, тем самым действуя как дефляционный инструмент и увеличивая стоимость каждой другой монеты в сети (концепция которой очень похожа на компанию, выкупающую акции на фондовом рынке). Сжигание может осуществляться несколькими различными способами: одним из таких способов является отправка монет на недоступный кошелек, который называется «адресом пожирателя». В этом случае, хотя токены технически не были удалены из общего предложения, циркулирующее предложение фактически сократилось. В настоящее время около 3,7 миллиона биткойнов (200+ миллиардов стоимости) было потеряно в результате этого процесса. Токены также можно сжечь, закодировав функцию сжигания в протоколах, которые управляют токеном, но гораздо более популярным вариантом является использование упомянутых адресов пожирателей. Аналитик криптовалют по имени Тимоти Патерсон утверждает, что каждый день теряется 1500 биткоинов, что намного превышает среднесуточный прирост (за счет майнинга) в 900. В конечном счете, в какой-то степени потеря монет увеличивает дефицит и ценность.

Что означает дефляция биткоина?

Биткойн является активом с фиксированным предложением (это означает, что предложение монет имеет алгоритмическое ограничение), поскольку после того, как 21 миллион монет будет введен в обращение, больше монет не может быть создано. В настоящее время почти 90% биткойнов было добыто, и около 0,5% от общего предложения теряется в год. В результате халвинга биткоин достигнет своего максимального предложения в районе 2140. Наиболее очевидным преимуществом системы с фиксированным предложением является то, что такие системы являются дефляционными. Дефляционные активы – это активы, в которых общее предложение уменьшается с течением времени, и поэтому каждая единица увеличивается в цене. Например, предположим, что вы застряли на необитаемом острове с 10 другими людьми, и у каждого из них есть 1 бутылка воды. Поскольку некоторые люди, по-видимому, будут пить свою воду, общий запас воды в 100 бутылок может только уменьшиться. Это делает воду дефляционным активом. По мере того, как общее предложение сокращается, каждая бутылка воды становится все более ценной. Скажем, сейчас осталось всего 20 бутылок с водой. Каждая из 20 бутылок с водой стоит столько же, сколько когда-то стоили 5 бутылок с водой, когда все 100 были в обращении. Таким образом, долгосрочные держатели дефляционных активов испытывают рост стоимости своих активов, потому что фундаментальная стоимость по отношению к целому (в примере с бутылкой воды 1 бутылка из 100 составляет 1%, а 1 из 20 — 5%, что делает каждую бутылку в 5 раз большей) увеличилась. В целом, дефляционная модель с фиксированным предложением, как и цифровое золото (особенно в отношении биткоина), со временем увеличит фундаментальную стоимость каждой монеты или токена и создаст ценность за счет дефицита.

Каков объем биткоина?

Объем торгов, известный как «объем», — это количество монет или токенов, проданных в течение определенного периода времени. Объем может показывать относительное состояние определенной монеты или рынка в целом. Например, на момент написания этой статьи объем биткоина (BTC) за 24 часа составил 46 миллиардов долларов, в то время как Litecoin (LTC) за тот же период торговался на 7 миллиардов долларов. Само по себе это число, однако, несколько произвольно; Стандартизированным средством сравнения по объему является соотношение между рыночной капитализацией и объемом. Например, продолжая две вышеупомянутые монеты, Биткойн имеет рыночную капитализацию в 1,1 триллиона долларов и объем в 46 миллиардов долларов, что означает, что 1 доллар из каждых 24 долларов в сети был продан за последние 24 часа. Рыночная капитализация Litecoin составляет $16,7 млрд, а объем за 24 часа — $7 млрд, что означает, что $1 из каждых $2,3 в сети был продан за последние 24 часа. Благодаря пониманию объема можно лучше понять другую информацию о монете, такую как популярность, волатильность, полезность и так далее. Информацию об объеме биткоина и других криптовалют можно найти ниже:

CoinMarketCap - coinmarketcap.com

Как добывается биткоин?

Биткоин добывается с помощью приложений узлов (узлы, напомним, это компьютеры в сети). Узлы решают сложные задачи хеширования, а владельцы узлов получают вознаграждение пропорционально объему выполненной работы (следовательно, proof-of-work). Таким образом, владельцы узлов (называемые майнерами) могут добывать биткоин.

Можно ли получить доллары США с помощью биткоина?

Да! В вопросе ниже вы узнаете о парах. Фиатные валюты можно конвертировать в биткоин и выводить из него через пару фиат-криптовалюта. Пара биткоин/доллар США — это BTC/USD. Доллары США являются валютой котировки для биткоина и других валют, что означает, что доллар США является мерилом, с которым сравниваются другие криптовалюты; вот почему вы можете сказать: «Биткойн достиг 50 000», в то время как биткойн на самом деле только что достиг стоимости, эквивалентной 50 000 долларов США.

Что такое пара Биткоин?

Все криптовалюты функционируют в паре. Пара — это комбинация двух криптовалют, которая позволяет обменивать такие криптовалюты. Пара BTC/ETH (crypto-to-crypto) позволяет обменивать биткоин на эфириум и наоборот. Пара BTC/USD (крипто-фиат) позволяет обменивать биткоин на доллар США и наоборот. Учитывая большое количество более мелких криптовалют, биржевой рынок сосредоточен вокруг нескольких крупных криптовалют, которые, в свою очередь, обмениваются на что-либо еще. Например, пара Celo (CGLD)/Fetch.ai (FET) может не существовать, но пары CGLD/BTC и BTC/FET позволяют конвертировать CGLD в FET. Проще говоря, пары — это паутина, которая соединяет различные активы. Пары также допускают арбитраж, то есть торговлю на разнице в ценах пар между различными биржами и рынками.

Биткоин лучше, чем Эфириум?

Ключевое различие между Биткоином и Эфиремом заключается в ценностном предложении. Биткоин был создан как средство сбережения, родственное цифровому золоту, в то время как Ethereum выступает в качестве платформы, на которой создаются децентрализованные приложения (dApps) и смарт-контракты (работающие на токене ETH и языке программирования Solidity). Поскольку ETH необходим для запуска децентрализованных приложений на блокчейне Ethereum, стоимость ETH в некоторой степени привязана к полезности. В одном предложении; Биткоин — это валюта, в то время как эфириум — это технология, и в этом отношении эфириум создавался не как конкурент биткоину, а скорее для того, чтобы дополнять и строить вместе с ним. Для этого вопрос о том, что лучше, подобен сравнению яблока с кирпичом; И те, и другие хороши в том, что они делают, и выбор одного из них вместо другого — это выбор ценностного предложения перед другим (например: яблоко нам нужно для еды, а кирпич — для создания укрытия), на вопрос о котором нет четкого или согласованного ответа.

Можно ли покупать вещи за биткоины?

Биткойн представляет собой общее чувство ценности; Стоимость может быть передана и обменена на предметы эквивалентной или почти эквивалентной стоимости, как и любая другая валюта. Несмотря на это, довольно сложно или невозможно напрямую купить большинство вещей за биткоин (тем не менее, опционы существуют и быстро расширяются). Конечно, всегда можно просто обменять биткоин на данную валюту и использовать его для покупки вещей, но остается вопрос: почему вы пока не можете использовать биткоин для покупки любых товаров, за которые в противном случае заплатили бы другими цифровыми способами оплаты? Такой вопрос сложный, но в основном связан с тем, что устоявшаяся система поддерживаемых государством валют работает уже довольно давно, в то время как криптовалюты являются новыми и функционируют вне государственного контроля и влияния. Текущие тенденции указывают на то, что криптовалюты в значительной степени интегрируются в онлайн- (и в некоторой степени офлайн) розничную торговлю, оптовых торговцев и независимых продавцов (через интеграцию с платежными системами, такими как Stripe, PayPal, Square и т. Д.). Уже сейчас Microsoft (в магазине Xbox), Home Depot (через

Flexa), Starbucks (через Bakkt), Whole Foods (через Spedn) и многие другие компании принимают биткойны; переломными моментами являются крупные онлайн-ритейлеры, принимающие биткойны (Amazon, Walmart, Target и т. д.), и точка, в которой правительства либо принимают, либо выступают против криптовалют в качестве способа оплаты.

Какова история биткоина?

В 1991 году впервые была концептуализирована криптографически защищенная цепочка блоков. Почти десять лет спустя, в 2000 году, Стеган Ност опубликовал свою теорию о цепях, защищенных криптографией, а также идеи для практической реализации, а через 8 лет после этого Сатоши Накамото выпустил «белую книгу» (белая книга, представляющая собой подробный отчет и руководство), которая установила модель блокчейна. В 2009 году Накамото внедрил первый блокчейн, который использовался в качестве публичного реестра для транзакций, совершенных с использованием разработанной им криптовалюты под названием Bitcoin. Наконец, в 2014 году сценарии использования блокчейна и блокчейн-сетей начали развиваться за пределами криптовалюты, тем самым открывая возможности биткоина и блокчейна для более широкого мира.

Как купить биткоин?

Биткоин в первую очередь можно приобрести через биржи и хранить, впоследствии, на бирже или в кошельке. Популярные биржи для пользователей из США и по всему миру перечислены ниже:

НАС

Coinbase - coinbase.com (лучше всего подходит для новых инвесторов)

PayPal - paypal.com (легко для тех, кто уже использует PayPal)

Binance US - binance.us (лучше всего подходит для альткоинов, продвинутых инвесторов)

Bisq - bisq.network (децентрализованный)

Глобальный (недоступен/ограничен функционал в США)

Binance - binance.com (лучший в целом)

Huibo Global - huobi.com (большинство предложений)

7b - sevenb.io (легкий)

Crypto.com - crypto.com (самые низкие комиссии)

После создания учетной записи на бирже пользователи могут переводить фиатную валюту на счет для покупки желаемых криптовалют.

Является ли биткоин хорошей инвестицией?

С исторической точки зрения, Биткойн является одной из лучших инвестиций за последнее десятилетие; совокупная норма прибыли составляла около 200% в год, а 10 долларов, вложенных в Биткойн в 2010 году, сегодня стоили бы 7,6 миллиона долларов (поразительная доходность инвестиций в 76 500 000%). Тем не менее, быстрая прибыль, генерируемая Биткойном в прошлом, не может поддерживаться бесконечно, и вопрос о том, будет ли Биткойн хорошей инвестицией, является совершенно другим. В целом, факты в настоящее время говорят о том, что Биткойн является хорошим долгосрочным инструментом, особенно если вы верите в ускоряющиеся тенденции децентрализации и блокчейна. Тем не менее, ряд событий «черного лебедя» может нанести огромный ущерб биткоину, а ряд конкурентов могут обогнать биткоин. Вопрос о том, стоит ли инвестировать, должен быть подкреплен фактами, но основан на вас: размере риска, который вы готовы взять на себя, сумме денег, которой вы можете и хотите рискнуть, и так далее. Итак, исследуйте, мыслите как можно более рационально и принимайте торговые решения, о которых не пожалеете.

Рухнет ли биткоин?

Биткоин является очень цикличным активом и имеет тенденцию регулярно падать. Для долгосрочных держателей биткоина крайне вероятны внезапные обвалы и устойчивые медвежьи периоды. С 2012 года биткоин падал на 80% и более (на других рынках это число считается катастрофическим) три раза; Во всех случаях она быстро приходила в норму. Все это отчасти связано с тем, что биткоин все еще находится в фазе определения цены и быстро растет с точки зрения принятия, поэтому волатильность безудержна. Подведем итоги; С исторической точки зрения, хотя Биткойн, несомненно, рухнет, он, несомненно, восстановится.

Что такое система PoW Биткоина?

Алгоритм PoW используется для подтверждения транзакций и создания новых блоков в заданном блокчейне. PoW, что означает Proof of work, буквально означает, что для создания блоков требуется работа (через математические уравнения). Люди, которые выполняют эту работу, являются майнерами, а майнеры вознаграждаются за свои вычислительные усилия в виде справедливости.

Что такое халвинг биткоина?

Халвинг — это механизм предложения, который регулирует скорость, с которой монеты добавляются к криптовалюте с фиксированным предложением. Идею и процесс популяризировал биткоин, который уменьшается вдвое каждые 4 года. Халвинг запускается запрограммированным снижением вознаграждения за майнинг; Вознаграждение за блок — это вознаграждение, предоставляемое майнерам (на самом деле, компьютерам), которые обрабатывают и проверяют транзакции в данной сети блокчейна. С 2016 по 2020 год все компьютеры (называемые узлами) в сети Биткойн в совокупности зарабатывали 12,5 биткоинов каждые 10 минут, и именно столько биткоинов поступало в обращение. Однако после 11 мая 2020 года вознаграждение упало до 6,25 биткоина за тот же период. Таким образом, на каждые 210 000 добытых блоков, что соответствует примерно каждые четыре года, вознаграждение за блок будет продолжать уменьшаться вдвое, пока не будет достигнут максимальный лимит в 21 миллион монет примерно в 2040 году. Таким образом, халвинг, скорее всего, увеличит стоимость биткоина и других криптовалют за счет уменьшения предложения, но не изменит спрос. Дефицит, как уже упоминалось, стимулирует стоимость, а ограниченное предложение в сочетании с растущим спросом создает все больший и больший дефицит. По этой причине халвинг исторически приводил к росту цены биткоина и, вероятно, станет долгосрочным катализатором роста. Цифра предоставлена medium.com.

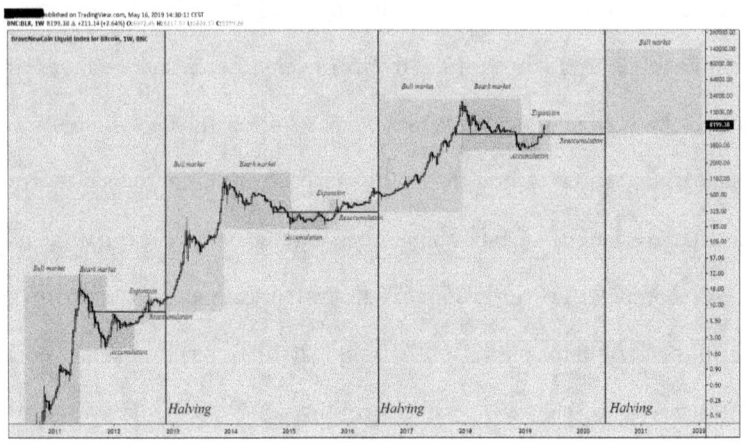

[25] https://medium.com/coinmonks/how-the-bitcoin-halving-impacts-bitcoins-price-ac7ba87706f1

Почему биткоин волатилен?

Биткоин все еще находится в «фазе определения цены», что означает, что рынок растет так быстро, что истинная стоимость биткоина остается неизвестной. Таким образом, воспринимаемая ценность управляет рынком (чему способствует отсутствие какой-либо организации для управления волатильностью биткоина), и воспринимаемая ценность очень легко зависит от новостей, слухов и так далее. В конце концов, биткоин станет менее волатильным, но это, безусловно, может занять довольно много времени.

Стоит ли инвестировать в биткоин?

Вопрос о том, стоит ли вам инвестировать в биткоин, зависит не только от биткоина, но и от вас. Биткойн несет в себе неотъемлемый риск, будучи спекулятивным и волатильным активом, и, хотя потенциальный потенциал роста огромен, следует помнить о обоюдоостром мече риска и выгоды. Лучшее, что вы можете сделать, — это узнать как можно больше о биткоине, криптовалютах и блокчейне (а также о тенденциях в этих областях и реальных разработках) и включить эту информацию в свою толерантность к риску, финансовое положение и любые другие переменные, которые могут повлиять на ваше инвестиционное решение.

Как успешно инвестировать в биткоин?

Эти 5 правил помогут вам успешно инвестировать в биткоин, учитывая, что деньги и трейдинг — это эмоциональный опыт:

- ❖ Ничто не вечно
- ❖ Ни бы, ни должен, ни смогли.
- ❖ Не поддавайтесь эмоциям
- ❖ Разнообразить
- ❖ Цены не имеют значения

Ничто не вечно

На момент написания этой статьи в начале 2021 года криптовалютный рынок находится в пузыре. Это говорит как криптооптимист. Невероятная прибыль, которую получают люди, и невероятные восходящие тренды практически всех монет просто неустойчивы; Если так будет продолжаться вечно, то любой сможет вложить деньги во что угодно и получить огромную прибыль. Это не означает, что рынок стремится к нулю или что концепции, которые стимулируют рост, потерпят неудачу; Я просто утверждаю, что в какой-то момент огромный рост замедлится. Это может быть медленно и постепенно, или быстро, как в случае быстрого сбоя. Исторически сложилось так, что биткоин функционировал через циклы, которые включали в себя массовые бычьи ралли, крупнейшие из которых произошли в конце 2017 года, с марта по июль 2019 года, и снова с ноября 2020 года до апреля 2021 года. Во время упомянутых бычьих ралли, соответственно, биткоин вырос примерно в 15 раз (2017 год), в 3 раза (2019 год), а теперь, в текущем бычьем ралли, в 10 раз и продолжает расти. В одном предыдущем случае, когда биткоин вырос более чем в 15 раз, большая часть следующего года была потрачена на падение с 20 тысяч до 4 тысяч. Это подтверждает идею упомянутых циклов биткоина, которые сначала имеют массивный восходящий тренд, а затем падают до более высоких минимумов. Это означает несколько вещей: во-первых, это хорошая ставка, которую стоит держать, если Биткойн рухнет. Во-вторых, если биткоин и криптовалютный рынок растут, пока вы читаете эту статью, они, вероятно, упадут в какой-то момент в ближайшие несколько лет. Если он падает, пока вы читаете эту статью, то, скорее всего, в ближайшие несколько лет он будет расти по-настоящему масштабно. Конечно, рыночная экосистема может меняться, но это именно то, о чем нужно говорить. Если предположить, что криптовалюты достигнут массового принятия и станут неотъемлемой частью всех аспектов денег, бизнеса и жизни в целом, *в какой-то момент они должны будут стабилизироваться*. Это может быть 2021, 2023 или 2030 год.

Скорее всего, он рухнет и вырастет несколько раз, прежде чем стабилизируется на несколько менее волатильном рынке, по крайней мере, по сравнению с прежним «я».

Ни бы, ни должен, ни смогли.

Это правило взято у популярного и легендарного биржевого трейдера и ведущего шоу *Mad Money* Джима Крамера. Эта концепция работает во всех сферах инвестиций, не говоря уже обо всех сферах жизни, и связана с правилами #31. Идея представлена через «Никто бы не имел», «Не должен» и «Не мог бы». Это означает, что если вы совершили неудачную сделку, потратьте несколько минут на то, чтобы подумать о том, как вы можете извлечь из нее уроки и улучшить; Затем, по прошествии этих нескольких минут, не думайте о том, что бы вы сделали, что вы *должны* были бы сделать или что вы *могли бы* сделать. Это позволит вам учиться и совершенствоваться, сохраняя при этом здравомыслие, потому что, в конце концов, вы всегда могли бы сделать это лучше. Не корите себя за проигрыши и не позволяйте победам завладеть вашей головой.

Не поддавайтесь эмоциям

Эмоции являются антитезой технической торговли. Техническая торговля основывает текущие и будущие действия на исторических данных, и, к сожалению, рынку все равно, как вы себя чувствуете. Эмоции, чаще всего («не» просто из-за случайного принятия правильного решения через плохой процесс) будут только вредить вам и отвлекать от разработанных вами торговых стратегий. Некоторые люди, естественно, чувствуют себя комфортно с риском и эмоциональными американскими горками торговли; Если нет, вы можете подумать о том, чтобы изучить психологию трейдинга (потому что понимание эмоций является предшественником принятия, рациональности и контроля) и просто дать себе время. Фундаментальный анализ и средне- и долгосрочная торговля по-прежнему требуют всего этого, но в меньшей степени.

Разнообразить

Диверсификация противостоит риску. А, как мы знаем, крипта рискованна. В то время как любой, кто инвестирует в криптовалюты, предполагает и, вероятно, ищет определенный уровень риска (из-за принципа компромисса между риском и доходностью), у вас (вероятно) есть определенный уровень риска, который вас не устраивает. Диверсификация помогает вам оставаться в пределах этого максимального риска. Хотя я не могу говорить о вашей уникальной ситуации, я бы рекомендовал любому криптоинвестору поддерживать несколько диверсифицированный портфель, независимо от того, насколько вы верите в проект. Распределение средств должно быть (обычно) разделено между альтернативами Bitcoin, Etherium или ETH (такими как Cardano, BNB и т. д.) и различными альткоинами, а также некоторыми денежными средствами. Хотя точные проценты варьируются в зависимости от конкретной ситуации (35/25/30/10, 60/25/10/5, 20/20/40/20 и т.д.), большинство профессионалов согласятся, что это самый устойчивый способ инвестирования, получения прибыли по всему рынку и снижения шансов потерять большой процент вашего портфеля из-за одного или нескольких ошибочных решений. Тем не менее, некоторые инвесторы вкладывают деньги только в одну или две криптовалюты из топ-50 и вкладывают большую часть своих денег в альткоины с малой капитализацией. В конце концов, разработайте стратегию, которая соответствует вашей ситуации, ресурсам и личности, а затем диверсифицируйте ее в рамках этой стратегии.

Цена не имеет значения

Цена в значительной степени не имеет значения, так как предложение и начальная цена могут быть установлены. Тот факт, что Binance Coin (BNB) стоит 500 долларов, а Ripple (XRP) — 1,80 доллара, не означает, что XRP стоит 277x BNB; Фактически, две монеты в настоящее время находятся в пределах 10% от рыночной капитализации друг друга. Когда криптовалюта впервые создается, предложение устанавливается командой, стоящей за активом; Команда может создать 1 триллион монет или 10 миллионов. Итак, оглядываясь назад на XRP и BNB, мы видим, что у Ripple в обращении примерно 45 миллиардов монет, а у Binance Coin — 150 миллионов. Таким образом, цена не имеет особого значения. Монета по цене 0,0003 доллара может стоить больше, чем монета по цене 10 000 долларов с точки зрения рыночной капитализации, оборотного предложения, объема, пользователей, полезности и т. д. Цена имеет еще меньшее значение из-за дробных акций, которые позволяют инвесторам вкладывать любую сумму денег в монету или токен независимо от цены. Многие другие метрики гораздо важнее и должны рассматриваться задолго до цены. Тем не менее, цены могут влиять на ценовое действие в результате психологии. Например, биткоин имеет сильное сопротивление на уровне 50 000 долларов, и большая часть этого сопротивления может исходить от того факта, что 50 000 долларов — это красивое круглое число, по которому многие люди размещают ордера на покупку и ордера на продажу. В ситуациях, подобных этой, психология является жизнеспособной частью ценового действия и, следовательно, анализа.

Имеет ли биткоин внутреннюю ценность?

Нет, биткоин не имеет внутренней стоимости. Ничто в Биткойне не требует, чтобы он имел ценность; Скорее, ценность генерируется пользователем. Однако, согласно такому определению, все валюты мира, не обеспеченные золотым или серебряным стандартом, также не имеют внутренней стоимости (кроме материального использования, которое не имеет значения). Таким образом, в некотором смысле, все деньги имеют какую-либо степень ценности только потому, что мы согласны с этим, и любые аргументы против или за использование биткоина из-за отсутствия у него внутренней ценности должны быть применены и к фиатным валютам.

Облагается ли биткоин налогом?

Как говорится, от налогов не избежать, и такая идея, безусловно, применима к криптовалюте, несмотря на, казалось бы, анонимный и нерегулируемый характер отрасли. Для получения наиболее точной информации вам следует посетить веб-сайт вашей организации, занимающейся сбором налогов, чтобы узнать больше о налоге на цифровую валюту в вашей стране. Тем не менее, следующая информация проливает свет на правила, установленные в США:

- В 2014 году Налоговое управление США объявило, что виртуальные валюты являются собственностью, а не валютой.

- Если криптовалюты получены в качестве оплаты за товары или услуги, справедливая рыночная стоимость (в долларах США) должна облагаться налогом как доход.

- Если вы владеете монетой или токеном более года, это классифицируется как долгосрочная прибыль, а если вы купили и продали ее в течение года, это краткосрочная прибыль. Краткосрочная прибыль облагается более высокими налогами, чем долгосрочная прибыль.

- Доход от майнинга виртуальных валют рассматривается как доход от самозанятости (при условии, что данное физическое лицо не является наемным работником) и облагается налогом на самозанятость в соответствии со справедливой эквивалентной стоимостью цифровых валют в долларах США. Убытки могут быть признаны на сумму до 3 000 долларов США.

- Когда цифровые валюты продаются, прибыль или убытки облагаются налогом на прирост капитала (поскольку цифровые валюты рассматриваются как имущество) так же, как если бы акции были проданы.

Торгуется ли биткоин 24/7?

Биткоин работает 24 часа в сутки 7 дней в неделю. Это, в значительной степени, связано с тем, что он предназначен для использования по всему миру, как действительно межконтинентальный инструмент, и, учитывая часовые пояса, все, кроме работы в режиме 24/7, не будет соответствовать этим критериям. Кроме того, нет никаких стимулов не делать этого.

Использует ли биткоин ископаемое топливо?

Да, Биткоин использует ископаемые месторождения. На самом деле, многие электростанции, работающие на ископаемом топливе, обрели новую жизнь в обеспечении мощности, необходимой для майнинга криптовалют. Биткойн потребляет примерно столько же энергии, сколько маленькая страна, исключительно за счет вычислительных требований, что эквивалентно примерно 0,55% мирового производства электроэнергии. Очевидно, что пользователи и майнеры биткоина не хотят использовать ископаемое топливо, и переход на возобновляемые источники энергии является основной целью, но то же самое можно сказать и о вождении автомобилей с бензиновым двигателем и множестве других повседневных действий, которые потребляют больше ископаемого топлива, чем биткоин. Проблема на самом деле сводится к мнению; Те, кто видит в Биткойне новаторскую силу в мире, которая помогает людям в нестабильных финансовых экосистемах и обеспечивает большую безопасность и конфиденциальность транзакций, не будут обеспокоены глобальным потреблением энергии на 0,55% (особенно учитывая обещание долгосрочного перехода на чистую энергию), в то время как те, кто считает Биткойн бесполезным или мошенничеством, скорее всего, будут чувствовать прямо противоположное. Следует отметить, что некоторые альтернативы криптовалютам гораздо менее углеродоемкие, чем Bitcoin (Cardano, ADA), углеродно-нейтральные (Bitgreen, BITG) или углеродно-отрицательные (eGold, EGLD).

Достигнет ли биткоин 100 тысяч?

Биткоин, вероятно, достигнет 100 000 долларов за монету. Это не значит, что это произойдет в ближайшее время или что это гарантировано; Данные о дефляционной природе биткоина, исторической доходности, тенденциях принятия (если вам интересно, изучите кривую «S» в технологиях) и инфляции фиатных денег делают вероятным рост цены до 100 000 долларов. Важный вопрос заключается не в том, достигнет ли он 100 000 долларов, а в том, когда он достигнет 100 000 долларов. Большинство таких оценок в лучшем случае являются обоснованными спекуляциями.

Достигнет ли биткоин 1 миллиона?

В отличие от 100 000 долларов, биткоин, достигший отметки в 1 миллион долларов, требует серьезного масштаба. Генеральный директор eToro Икбал Грандха заявил, что биткоин не раскроет свой потенциал до тех пор, пока он не будет стоить 1 миллион долларов за монету, потому что в это время каждый сатоши (а это самая маленькая единица, на которую можно разделить биткоин) будет стоить 1 доллар. Учитывая эффект масштаба и потенциал для массового внедрения во всем мире (в таком случае биткоин будет выступать в качестве универсальной резервной валюты), вполне возможно, что цена может достичь 1 миллиона долларов. Тем не менее, другая криптовалюта может с таким же успехом занять это место, а также стейблкоины или цифровые валюты, поддерживаемые правительством. В совокупности следует отметить, что фиатные валюты являются инфляционными, а биткоин – дефляционными. Такая динамика цен делает $1 млн гораздо более вероятным в долгосрочной перспективе. В конечном счете, однако, можно только догадываться, что должно произойти, и оценка в 1 миллион долларов за монету остается спекулятивной.

Продолжит ли биткоин расти так быстро?

Нет. Это в буквальном смысле невозможно. Биткоин приносил инвесторам почти 200%[26] в год в течение последних 10 лет, что составляет 5,2 миллиона процентов прибыли за десятилетие. Учитывая рыночную капитализацию биткоина на момент написания этой статьи, устойчивый совокупный рост на 200% превысит всю денежную массу мира в течение 4-5 лет. Таким образом, хотя вполне возможно, что биткоин продолжит расти, текущие темпы роста крайне неустойчивы. В долгосрочной перспективе рост должен выровняться, а волатильность, скорее всего, снизится.

---

[26] 196,7%, по подсчетам CaseBitcoin

Что такое форки Биткоина?

Форк — это возникновение нового блокчейна, созданного из другого блокчейна. Биткоин пережил 105 форков, крупнейшим из которых является современный Bitcoin Cash. Форки возникают, когда алгоритм разбивается на две разные версии. Существует два вида форков. Хардфорк — это форк, который происходит, когда все узлы сети обновляются до более новой версии блокчейна и оставляют старую версию; Затем создаются два пути: новая версия и старая версия. Софтфорк контрастирует с этим, делая старую сеть недействительной; В результате получается только один блокчейн.

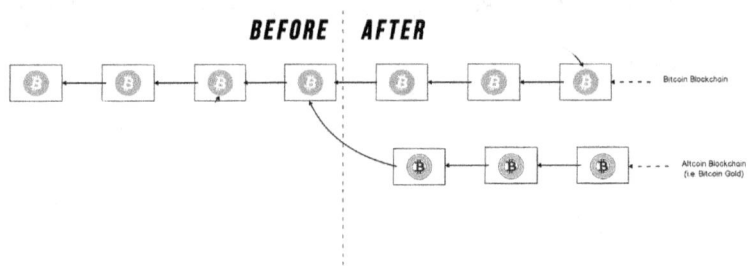

---

[27] Основано на изображении Egidio.casati, CC BY-SA 4.0
<https://creativecommons.org/licenses/by-sa/4.0>

Почему биткоин колеблется?

Как и на фондовом рынке, цены растут и падают в соответствии со спросом и предложением. На спрос и предложение, в свою очередь, влияют стоимость добычи биткоина на блокчейне, новости, конкуренты, внутреннее управление и киты (крупные держатели). Для получения информации о том, почему Биткойн так волатилен, пожалуйста, обратитесь к множеству других вопросов на эту тему.

Как работают биткоин-кошельки?

Криптокошелек — это интерфейс, используемый для управления криптоактивами. Кошелёк Coinbase и Exodus являются обычными кошельками. Аккаунт, в свою очередь, представляет собой пару открытых и приватных ключей, с помощью которых можно контролировать свои средства, которые хранятся в блокчейне. Проще говоря, кошельки — это счета, на которых хранятся ваши активы, как в банке.

28

---

[28] Маттеус Вандер / CC BY-SA 3.0)

*Кошельки не содержат монет. Кошельки содержат пары приватных и открытых ключей, которые обеспечивают доступ к активам.

Биткоин работает во всех странах?

Биткоин — это децентрализованная сеть компьютеров; Все адреса не блокируются и, следовательно, доступны в любом месте, где есть подключение к Интернету. В странах, где биткоин является незаконным (крупнейшими из которых являются Китай и Россия), все, что может сделать правительство, это закрутить гайки в отношении инфраструктуры (в частности, майнинговых ферм) и использования биткоина. В таких местах, как Россия, биткоин фактически не регулируется, скорее, использование биткоина в качестве оплаты товаров и услуг является незаконным. Большинство других стран следуют этой модели, поскольку, опять же, заблокировать сам биткоин невозможно. На самом деле, Хестер Пирс из SEC заявила, что «было бы глупо запрещать биткоин». Учитывая это, можно сделать вывод, что биткоин работает во всех странах, хотя в некоторых избранных владение или использование монеты является незаконным.

У скольких людей есть биткоин?

По самым оптимистичным оценкам,[29] в настоящее время это число составляет около 100 миллионов держателей во всем мире, что составляет примерно 1 из каждых 55 взрослых. Тем не менее, истинное число неизвестно, учитывая анонимный характер криптосетей. Можно сказать, что рост пользователей выражается двузначными числами, биткоин имеет несколько сотен тысяч транзакций в день, 2+ миллиарда человек слышали о биткоине, а всего существует около полумиллиарда биткоин-адресов.

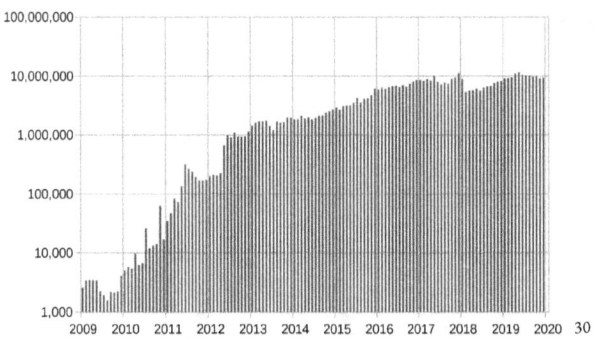
[30]

*Количество биткоин-транзакций в месяц по состоянию на 2020 год.

---

[29] buybitcoinworldwide.com
[30] Ладислав Мечир / CC BY-SA 4.0

У кого больше всего биткоинов?

Таинственный основатель биткоина Сатоши Накамото владеет наибольшим количеством биткоинов. Он хранит 1,1 миллиона BTC на нескольких кошельках, что дает ему собственный капитал в десятки миллиардов. Если биткоин достигнет 180 000 долларов, Сатоши Накамото станет самым богатым человеком на Земле. Вслед за Сатоши Накамото крупнейшими держателями являются близнецы Уинклвосс и различные правоохранительные органы (ФБР стало одним из крупнейших держателей биткоина после конфискации активов Silk Road, интернет-блэк-маркета, закрытого в 2013 году).

Можно ли торговать биткоином с помощью алгоритмов?

Чтобы ответить на этот вопрос, я приведу отрывок из другой моей книги о техническом анализе криптовалют. Он охватывает все основы и занимает больше, чем несколько страниц, поэтому, если вы ищете короткий ответ, я скажу, что вы можете, но это сложно.

Алгоритмическая торговля — это искусство заставить компьютер зарабатывать для вас деньги. Или, по крайней мере, такова цель. Алготрейдеры, как говорится на сленге, пытаются определить набор правил, которые, если их использовать в качестве основы для торговли, приносят прибыль. Когда эти правила выбраны и сработают, код выполнит ордер. Например, предположим, что вы любите торговать экспоненциальными пересечениями скользящих средних (EMA). Всякий раз, когда вы видите, что 12-дневная EMA биткоина пересекает 50-дневную EMA, вы инвестируете 0,01 биткоина. Затем, как правило, вы продаете, когда получаете 5% прибыли, или, если это не работает, вы сокращаете свои убытки на 5%. Было бы очень легко преобразовать эту предпочтительную торговую стратегию в правила алгоритмической торговли. Вы должны написать алгоритм, который будет отслеживать все данные биткоина, инвестировать свои 0,01 биткоина во время предпочитаемого вами пересечения EMA, а затем продавать с прибылью 5% или убытком в 5%. Этот алгоритм будет работать для вас, пока вы спите, пока вы едите, буквально 24 часа в сутки 7 дней в неделю или в установленное вами время. Поскольку он торгует только так, как вы его установили; Вы очень спокойно относитесь к риску. Даже если алгоритм работает только в 51 из каждых 100 сделок, технически вы получаете прибыль и можете просто продолжать бесконечно, не прилагая никаких усилий. Или вы можете обратиться к большему количеству данных и улучшить свой алгоритм, чтобы он работал 55/100 раз или 70/100. Десять лет спустя вы уже мультитриллионер, зарабатывающий деньги каждую секунду каждого дня, потягивая тропический сок на солнечном пляже.

К сожалению, это не так просто, но такова концепция алгоритмической торговли. По-настоящему приятный гипотетический аспект торговли с помощью машины заключается в том, что потолок дохода практически неограничен (или, по крайней мере, чрезвычайно масштабивен). Рассмотрим следующую таблицу. Это визуализация алгоритма, который торгует 200 раз в день при соблюдении определенных условий. Алгоритм выйдет из позиции либо с прибылью 5%, либо с убытком 5%, как в приведенном выше примере. Предположим, что вы даете алгоритму $10 000 для работы и в каждую сделку вкладывается 100% портфеля. Красный цвет означает убыточную сделку (убыток 5%), а зеленый — хорошую сделку, прибыль 5%.

Как видно из графика, этот алгоритм верен только в 51% случаев. В этот момент инвестиция в размере 10 000 долларов США превратится в 11 025 долларов США всего за один день, 186 791,86 долларов США за 30 дней, а после одного полного года торговли результат составит 29 389 237 672 608 055 000 долларов США. Это 29 квинтиллионов долларов, что примерно в 783 раза больше, чем общая стоимость каждого доллара США, находящегося в обращении. Очевидно, что это не сработает. Однако теперь давайте предположим, что алгоритм по тем же правилам совершает прибыльную сделку только в 50,1% случаев, что означает 1 дополнительную прибыльную сделку из каждой 1000. Через 1 год этот алгоритм превратит $10 000 в $14 400. Через 10 лет — чуть менее 400 000 долларов, а через 50 лет — 835

437 561 881,32 доллара. Это 835 миллиардов долларов (проверьте сами с помощью калькулятора сложных процентов Moneychimp)

Казалось бы, это довольно просто. Просто используйте исторические данные для тестирования алгоритмов, пока не найдете тот, который приносит прибыль хотя бы на 50,1%, получите 10 тысяч долларов, и ваши дети станут триллионерами. К сожалению, это не работает, и вот некоторые из проблем, с которыми сталкиваются алгоритмические трейдеры:

Ошибки

Наиболее очевидной проблемой является создание безошибочного алгоритма. Многие современные сервисы значительно упрощают этот процесс и не требуют большого опыта программирования, но некоторые по-прежнему требуют определенного уровня навыков программирования, а остальные — определенных технических знаний. Я уверен, что вы можете себе представить, что любая ошибка в создании алгоритма может привести к окончанию игры.* Вот почему вам, вероятно, не следует кодировать его самостоятельно, если вы действительно не знаете, как это делать, и в этом случае вам, вероятно, все равно следует посоветоваться с другом!

Непредсказуемые данные

Как и в случае с техническим анализом в целом, ожидание того, что исторические паттерны, скорее всего, повторятся, является фундаментом, на котором покоится алгоритмическая торговля. События типа «черный лебедь»* и непредсказуемые факторы, такие как новости, мировой кризис, квартальные отчеты и т. д., могут нарушить алгоритм и сделать предыдущую стратегию невыгодной.

Недостаточная адаптивность

Проблема, связанная с непредсказуемостью данных, связана с неспособностью адаптироваться к обстоятельствам при наличии новых, контекстуальных данных. Таким образом, может потребоваться обновление вручную. Решение этой проблемы, очевидно, заключается в искусственном интеллекте, который обучается, совершенствуется и тестирует, но это далеко от реальности и, если бы это сработало, вероятно, не было бы так уж хорошо для рынка, поскольку несколько влиятельных игроков могли бы просто монетизировать его для собственного использования (учитывая, что это была бы в буквальном смысле машина для печатания денег) или поделиться им со всеми. В этом случае применяется вызов самоуничтожения (см. ниже).

Проскальзывание, волатильность и флэш-сбои.

Поскольку алгоритмы играют по установленным правилам, их можно «обмануть» из-за волатильности и сделать убыточными из-за проскальзывания. Например, небольшой альткоин может подскочить на несколько процентов, вверх или вниз, за считанные секунды. Алгоритм может увидеть, что цена достигла лимитного ордера на продажу, и инициировать ликвидацию, несмотря на то, что цена просто подскочила обратно к предыдущей цене или выше.

Самоуничтожение

В гипотетическом случае появления интеллектуального ИИ, который сортирует все доступные данные, определяет наилучшие возможные торговые алгоритмы, применяет их на практике и адаптируется к обстоятельствам, несколько таких ИИ искоренят свои собственные торговые стратегии. Например, предположим, что существует 1 миллион таких ИИ (на самом деле, гораздо больше людей использовали бы его, если бы он стал доступен для покупки). Все ИИ сразу же найдут лучший алгоритм и начнут торговать на нем. Если бы это произошло, то результирующий приток объема сделал бы стратегию бесполезной. Тот же сценарий происходит и сегодня, только без ИИ. По-настоящему хорошие торговые стратегии, скорее всего, будут обнаружены несколькими людьми, а затем использованы и распространены до тех пор, пока они не перестанут быть прибыльными или такими прибыльными, как раньше. Таким образом, действительно хорошие стратегии и алгоритмы препятствуют их собственному прогрессу.

Таким образом, это те проблемы, которые мешают алгоритмической торговле стать идеальной, 4-часовой рабочей неделей, вызывающей тропические каникулы, печатающей деньги. Тем не менее, алгоритмы, безусловно, все еще могут быть прибыльными. Многие крупные фирмы и компании строят свой бизнес исключительно на прибыльных торговых алгоритмах. Таким образом, хотя торговые боты не должны рассматриваться как легкие деньги, их следует рассматривать как дисциплину, которую можно освоить, если предоставить достаточно времени и усилий. Вот некоторые основные моменты алготрейдинга и то, как вы можете начать:

Тестирование на истории

Поскольку алгоритмы принимают определенные входные данные и реагируют соответствующим образом, алготрейдеры могут тестировать свои алгоритмы на исторических данных. Например, если Трейдер X хочет создать алгоритм, который торгует на пересечениях EMA, Трейдер X может протестировать алгоритм, запуская его каждый год существования всего рынка. Затем будет построен график доходности, и с помощью сплиттестирования Трейдер Х может прийти к формуле, которая, как было доказано, работает, даже не ставя деньги на стол. Таким образом, вы можете протестировать свои собственные алгоритмы и поэкспериментировать с различными переменными, чтобы увидеть, как они влияют на общую доходность. Чтобы поэкспериментировать с созданием и использованием торгового алгоритма, посетите следующие веб-сайты:

Контроль рисков

Тестирование на истории — отличный способ снизить риски. Лучшей альтернативой является дисциплинированное и исследованное использование стоп-лоссов и скользящих стоп-лоссов. Оба этих инструмента подробно описаны в разделе «Управление рисками».

Простота

У многих людей есть концепции алгоритмической торговли, которые требуют сложного, многоуровневого кода, который включает в себя несколько, если не дюжину или больше, индикаторов, паттернов или осцилляторов. В то время как неизвестные не могут быть учтены, большинство успешных алгоритмов, используемых как профессионалами, так и непрофессионалами, удивительно просты. Большинство из них включают в себя один индикатор или, возможно, комбинацию двух. Я предлагаю вам следовать этому устоявшемуся пути, если вы начинаете заниматься алготрейдингом, но, тем не менее, если вы обнаружите чрезвычайно сложный и превосходный алгоритм, я буду первым, кто зарегистрируется!

*Источник: Книга, Технический анализ криптовалют

Как биткоин повлияет на будущее?

Биткойн был первым успешным крупномасштабным вариантом использования блокчейна; Вопрос о том, как блокчейн повлияет на будущее, является гораздо более серьезным вопросом, чем вопрос о потенциальном влиянии Биткойна, большая часть которого была рассмотрена ранее. Вот области, в которых блокчейн (и, соответственно, Биткойн) будет иметь или оказывает большое влияние:

- Управление цепочками поставок.
- Управление логистикой.
- Безопасное управление данными.
- Трансграничные платежи и способы транзакций.
- Отслеживание авторских отчислений артистов.
- Безопасное хранение и обмен медицинскими данными.
- NFT-маркетплейсы.
- Механизмы голосования и безопасность.
- Поддающееся проверке право собственности на недвижимость.
- Рынок недвижимости.
- Сверка счетов-фактур и разрешение споров.
- Билетов.
- Финансовые гарантии.

- Усилия по аварийному восстановлению.
- Подключение поставщиков и дистрибьюторов.
- Трассировка происхождения.
- Голосование по доверенности.
- Криптовалюта.
- Подтверждение страховки / Страховые полисы.
- Здоровье / Учет персональных данных.
- Доступ к капиталу.
- Децентрализованные финансы
- Цифровая идентификация
- Эффективность процессов / логистики
- Верификация данных
- Претензионная работа (страхование).
- Защита интеллектуальной собственности.
- Оцифровка активов и финансовых инструментов.
- Снижение финансовой коррупции в государственных органах.
- Онлайн-игры.
- Синдицированные кредиты.
- И многое другое!

Является ли биткоин будущим денег?

Вопрос о том, является ли биткоин сам по себе «будущим денег», является спекуляцией; Настоящий вопрос заключается в том, являются ли технологии, лежащие в основе Биткойна, и системы, которые поощряет Биткойн, будущим денег. Если это так, то инвестирование в криптовалюту в целом, а также в биткоин (хотя потенциал роста в % в биткоине ограничен относительно более мелких монет, учитывая объем денег, уже находящихся в нем) является очень хорошей ставкой.

Основной технологией, питающей Биткойн, является блокчейн, а общая система, поощряемая Биткойном, — это децентрализация. Обе области бурно развиваются во множестве расширяющихся вариантов использования, и каждая из них может повлиять на каждый аспект жизни, от платежей до работы и голосования. По словам Capgemini Engineering, «он [блокчейн] значительно повышает безопасность в финансовом секторе, здравоохранении, цепочке поставок, программном обеспечении и государственном секторе». К компаниям, использующим технологию блокчейн, относятся Amazon (через AWS), BMW (в логистике), Citigroup (в финансах), Facebook (через создание собственной криптовалюты), General Electric (цепочка поставок), Google (с BigQuery), IBM, JPmorgan, Microsoft, Mastercard, Nasdaq, Nestlé, Samsung, Square, Tenent, T-Mobile, Организация Объединенных Наций, Vanguard, Walmart и другие.[31] Расширенная клиентура и продукты, основанные на блокчейне или сосредоточенные на нем, сигнализируют о том, что блокчейн продолжает оставаться ключевым аспектом интернет- и офлайн-услуг. Имея все это в виду, Биткойн не ограничивается влиянием криптовалют, скорее, он может и, вероятно, откроет эру блокчейна. С точки зрения того, что Биткойн является будущим денег и платежей, важный вопрос заключается в том, как правительства реагируют на угрозу Биткойна и криптовалют. Некоторые из них, такие как Китай, могут разработать свои собственные цифровые валюты. Некоторые страны, такие как Сальвадор, могут сделать биткоин законным платежным средством. Другие могут игнорировать криптовалюты или запрещать их. Независимо от того, как отреагируют правительства, тот факт, что они будут вынуждены реагировать, означает, что Биткойн был флагманом, который, так или иначе, полностью изменит финансовый ландшафт мира благодаря успешному применению цифровых активов и активов, основанных на блокчейне.

---

[31] По материалам исследования Forbes.

Сколько людей являются биткоин-миллиардерами?

Трудно сказать, сколько миллиардеров существует в криптопространстве или даже просто в криптосети, поскольку активы часто разделены на несколько счетов. Однако, исключая биржи, существует двадцать биткойн-адресов, на которых хранится эквивалент 1 миллиарда долларов или более, и восемьдесят биткойн-адресов, содержащих эквивалент 500 миллионов долларов или более.[32] Это число может легко колебаться, поскольку многие кошельки стоимостью от 500 миллионов до 1 миллиарда долларов могут превысить 1 миллиард долларов в соответствии с колебаниями биткойнов, и, как уже упоминалось, держатели, которые продали биткойны или разделили свои активы на несколько кошельков, не включены. Тем не менее, можно с уверенностью сказать, что, по крайней мере, два десятка аккаунтов и не менее 1 десятка человек заработали более 1 миллиарда долларов, инвестируя в биткоин. Десятки других заработали сотни миллионов или миллиарды, инвестируя в другие криптовалюты.

---

[32] «Топ-100 самых богатых биткоин-адресов и ....» https://bitinfocharts.com/top-100-richest-bitcoin-addresses.html.

Существуют ли тайные биткоин-миллиардеры?

Сатоши Накамото — яркий пример тайного и анонимного биткоин-миллиардера. В приведенном выше вопросе (сколько людей являются биткоин-миллиардерами?) мы пришли к выводу, что как минимум 1 дюжина человек заработала миллиард долларов, инвестируя в биткоин. Учитывая это число, а также тот факт, что количество популярных биткойн-миллиардеров можно пересчитать по пальцам одной руки (отдельные люди, не включая корпорации), можно предположить, что несколько держателей биткойнов по всему миру являются биткойн-миллиардерами, которые остались в тени. Помня об этом, вы, возможно, в какой-то момент занимались своими делами и пересеклись с секретным биткойн-миллиардером.

Получит ли биткоин массовое распространение?

Это интересный вопрос. В настоящее время около 1% населения мира используют биткоин, хотя этот показатель колеблется до 20% в таких местах, как Америка, и до 0% в других частях мира. Чтобы криптовалюта стала мейнстримом и массовым принятием, она должна служить какой-то полезности. Как правило, криптовалюты полезны в качестве средства сбережения; метод совершения транзакций или в качестве основы для построения сетей и децентрализованных организаций. Биткойн на сегодняшний день является крупнейшей и самой ценной криптовалютой, но на самом деле это не лучшая криптовалюта ни в одной из этих категорий. Таким образом, несмотря на то, что Биткойн есть Биткойн (подобно тому, как вы можете купить более дешевые часы, чем Rolex, которые лучше сидят и выглядят лучше, но вы все равно выбираете Rolex), и бренд Биткойна имеет и будет продвигать его далеко, он вряд ли будет постоянным лидером среди криптовалют в мире. Тем не менее, учитывая капитал и масштаб бренда, он, безусловно, может достичь массового и массового внедрения, учитывая текущие тенденции использования и варианты использования в криптовалютном пространстве.

Будет ли биткоин вытеснен другими криптовалютами?

Отвечая на этот вопрос, я сошлюсь на приведенный выше вопрос. Биткойн, несмотря на то, что он огромен по масштабу и бренду, на самом деле не является лучшим ни в чем в криптопространстве. Это не лучшее средство сбережения, не лучшее средство для отправки и получения денег, а также не лучшая структура и сеть для работы и развития криптовалютных пользователей. Таким образом, в краткосрочной перспективе, учитывая чистый бренд биткоина и его чудовищную рыночную капитализацию в 1 триллион долларов, он вряд ли будет поглощен. Тем не менее, в течение десятилетий или столетий он, скорее всего, будет обойден другими криптовалютами, поскольку ценность, которая питает его, распадается.

Может ли биткоин измениться после PoW?

Да, Биткойн, безусловно, может измениться по сравнению с системой PoW (proof-of-work). Ethereum начинал с PoW и, как ожидается, перейдет на PoS (proof-of-stake) в конце 2021 года. Переход сделает Ethereum гораздо менее энергоемким и более масштабируемым. Такой переход, безусловно, возможен для биткоина, и многие считают отход от PoW неизбежным.

Был ли биткоин первой криптовалютой в истории?

Печально известная «белая книга» биткоина Сатоши Накамото была выпущена в 2008 году, а сам биткоин был выпущен в 2009 году. Эти события известны как первые в своем роде; Это верно лишь отчасти.

В конце 1980-х годов группа разработчиков в Нидерландах попыталась привязать деньги к картам, чтобы предотвратить безудержное воровство наличных. Водители грузовиков использовали эти карты вместо наличных; Это, пожалуй, первый пример электронных денег.

Примерно в то же время, что и эксперимент в Нидерландах, американский криптограф Дэвид Чаум разработал концепцию переводной и частной валюты, основанной на токенах. Он разработал свою «ослепляющую формулу» для использования в шифровании и основал компанию DigiCash, которая обанкротилась в 1988 году.

В 1990-х годах многие компании пытались добиться успеха там, где DigiCash не смог добиться успеха; самым популярным из которых стал PayPal Илона Маска. PayPal ввел простые P2P-платежи в Интернете и привел к созданию компании под названием e-gold, которая предлагала онлайн-кредит в обмен на драгоценные медали (e-gold позже был закрыт правительством). Кроме того, в 1991 году исследователи Стюарт Хабер и У. Скут Сторнетта описали технологию блокчейн. Несколько лет спустя, в 1997 году, проект Hashcash использовал алгоритм Proof of Work для генерации и распространения новых монет, и многие функции оказались в протоколе Bitcoin. Год спустя разработчик Вэй Дай (в честь которого назван самый маленький номинал эфира, Вэй) представил идею «анонимной, распределенной системы электронных денег» под названием B-money. B-money предназначалась для обеспечения децентрализованной сети, через которую пользователи могли бы отправлять и получать валюту; К сожалению, он так и не сдвинулся с мертвой точки. Вскоре после публикации белой книги B-money Ник Сабо запустил проект под названием Bit Gold, который работал на полной системе PoW (proof-of-work). Bit gold, по сути, относительно похож на биткоин. Все эти и десятки других проектов в конечном итоге привели к биткоину; По этой причине нельзя сказать, что Биткойн был действительно первым во многих концепциях и технологиях, лежащих в его основе. Тем не менее, Биткойн является абсолютно и несомненно первым крупномасштабным успехом из всех технологий, которые на нем работают; Каждая компания и проект до Биткойна потерпели неудачу, но Биткойн превзошел все остальные и спровоцировал массовый глобальный сдвиг в сторону технологий и концепций, на которых он был построен.

Будет ли и может ли биткоин когда-нибудь стать чем-то большим, чем альтернатива золоту?

Биткоин уже является «больше», чем альтернатива золоту; Он поддерживает и обеспечивает глобальную транзакционную сеть с гораздо меньшими трениями, чем золото. Тем не менее, биткоин гораздо больше похож на золото в том смысле, что оба считаются средством сбережения и средством транзакций. В связи с этим, Биткойн, вероятно, никогда не будет больше, чем альтернативой золоту, потому что альтернативой внутри криптовалюты становится технология и платформа, такая как Ethereum, которая позволяет пользователям использовать свой язык программирования, называемый solidity, для создания децентрализованных приложений. Биткойн просто не предназначен для того, чтобы делать что-то подобное, и хотя он, безусловно, более полезен, чем золото, он в некотором роде похож на роль «цифрового золота».

Какова задержка биткоина и важна ли она?

Задержка — это задержка между моментом отправки транзакции и моментом, когда сеть распознает транзакцию; По сути, задержка — это запаздывание. Задержка Биткойна очень высока (по сравнению с 5-10 секундами вещательного телевидения) для того, чтобы производить один новый блок каждые десять минут. Снижение задержки, по сути, потребовало бы меньше работы по проверке блоков, что идет вразрез с духом PoW. По этой причине задержка биткоина не должна снижаться. Тем не менее, задержка торговли является проблемой для бирж и трейдеров на биржах (особенно арбитражных трейдеров); По мере того, как HFT (высокочастотная торговля) и алгоритмическая торговля продвигаются на рынок криптовалют, задержка будет приобретать все большее значение.

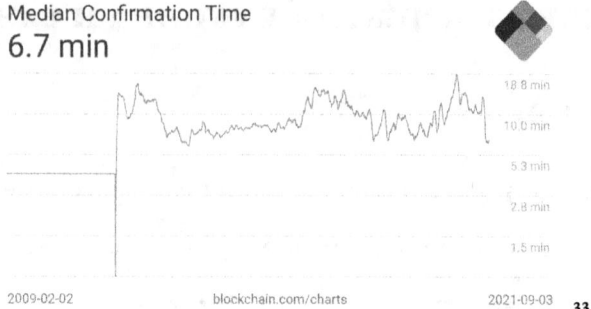

[33] Источник: blockchain.com

Какие существуют теории заговора о биткоине?

Биткоин (и особенно Сатоши Накамото) — это созревшая среда для теорий заговора; Ради интереса мы рассмотрим некоторые из них. Считайте, что нижеследующее является полностью вымышленным, как и большинство теорий заговора, и ни одна из них не заслуживает доверия:

А. *Биткоин мог быть создан АНБ или другим разведывательным агентством США.* Это, вероятно, самый распространенный заговор Биткойна; Он утверждает, что Биткойн был создан правительством США, и что он не так приватен, как мы думаем. Вместо этого АНБ, по-видимому, имеет бэкдор-доступ к алгоритму SHA-256 и использует его для слежки за пользователями.

Б. *Биткоин может стать искусственным интеллектом.* Эта теория утверждает, что Биткойн — это искусственный интеллект, который использует свои экономические мотивы, чтобы стимулировать пользователей развивать свою сеть. Некоторые считают, что ИИ создал правительственный орган.

В. *Биткоин мог быть создан четырьмя крупными азиатскими компаниями.* Эта теория полностью основана на том факте, что «sa» в слове Samsung, «toshi» от Toshiba, «naka» от Nakamichi и «moto» от Motorola в сочетании образуют имя таинственного основателя биткоина Сатоши Накамото. Вполне веские доказательства этого.

Почему большинство других монет часто следуют за Биткоином?

Биткоин по сути является резервной валютой для криптовалют, или аналогично Dow и S&P для фондового рынка. Около 50% стоимости на рынке криптовалют принадлежит исключительно биткоину, а биткоин является самой используемой и самой известной криптовалютой в мире. По этим причинам торговые пары с биткойнами являются наиболее используемой парой для покупки альткоинов, что связывает стоимость всех других криптовалют с биткойнами. Падение биткоина приводит к тому, что в альткоины вкладывается меньше денег, в то время как рост биткоина приводит к тому, что в альткоины вкладывается больше денег. По этим причинам большинство (не все) монет часто (не всегда) следуют общим бычьим/медвежьим трендам Биткоина.

Что такое Bitcoin Cash?

Как упоминалось ранее, у Биткойна есть проблема масштаба: сеть просто недостаточно быстра, чтобы обрабатывать большие объемы транзакций, присутствующих в ситуации глобального внедрения. В свете этого в 2017 году коллектив майнеров и разработчиков биткоина инициировал хардфорк биткоина. Новая валюта, получившая название Bitcoin Cash (BCH), увеличила размер блока (до 32 МБ в 2018 году), что позволило сети обрабатывать больше транзакций, чем Bitcoin, и быстрее. Хотя BCH не собирается заменить или приблизиться к замене Биткойна, это альтернатива, которая решила серьезную проблему, и вопрос о том, как оригинальный Биткойн будет решать ту же проблему, еще предстоит решить.

34 Georgstmk / CC BY-SA 4.0

Как поведет себя биткоин во время рецессии?

Биткоин имеет большие шансы хорошо проявить себя во время рецессии, хотя это не является окончательным ответом; Биткоин возник в результате жилищного кризиса 2008 года, но с тех пор еще не пережил какого-либо устойчивого и серьезного экономического спада (COVID не в счет). Во многих отношениях Биткойн служит цифровым эквивалентом золота, и золото исторически хорошо себя зарекомендовало во время рецессий (в частности, с 2007 по 2012 год), а дефицит и децентрализованный характер Биткойна могут сделать его безопасной инвестицией во время рецессии, которая не будет подвержена государственному контролю над фиатными валютами и инфляционной денежной системой мира. Следует также отметить, что биткоин исторически рос во время менее масштабных кризисов: Brexit, кризиса Конгресса 2013 года и COVID. Таким образом, как утверждалось ранее, Биткойн, вероятно, будет хорошо работать во время рецессии (если только рецессия не станет настолько серьезной, что у людей просто не останется денег для инвестиций, и в этом случае Биткойн, как и все активы, имеет мало шансов испытать что-либо, кроме красного). В любом случае, в случае рецессии большинство криптовалют, кроме биткоина (особенно небольшие альткоины), определенно понесут огромные потери; Большинство из них будут практически стерты с лица земли. Такой сценарий стал бы массовым событием фильтрации для альткоинов, что очень полезно для рынка в целом.

Сможет ли биткоин выжить в долгосрочной перспективе?

Что следует учитывать, так это то, в какой степени биткоин выживет в долгосрочной перспективе; и в какой степени будет расти принятие и использование. Несмотря на это, Биткойн будет существовать в некотором масштабе в течение следующих нескольких десятилетий; Шансы на то, что он продержится в больших масштабах в течение следующих нескольких столетий, маловероятны, учитывая новую конкуренцию и альтернативы Биткойну. Тем не менее, он, безусловно, может оставаться ведущей криптовалютой до тех пор, пока существуют криптовалюты (особенно если будут реализованы обновления, такие как сеть освещения); Априорная вероятность основана исключительно на том факте, что первая в своем роде, как правило, не является лучшей в своем роде, и большинство валют на протяжении всей истории не существуют (в масштабе) сколько-нибудь значительный период времени.

Какова конечная цель биткоина и криптовалют?

Конечное видение криптовалюты достигает следующего:

А. В частности, для Биткойна, чтобы пользователи могли безопасно отправлять деньги через Интернет, не полагаясь на центральное учреждение, вместо этого полагаясь на криптографическое доказательство.

Б. Устраните необходимость в посредниках и уменьшите трения в цепочках поставок, банках, недвижимости, юриспруденции и других областях.

В. Устраните опасности, с которыми сталкивается инфляционная среда фиатных валют на Диком Западе (с точки зрения государственного контроля, поскольку фиатные валюты были исключены из золотого стандарта).

Г. Обеспечьте полностью безопасный контроль над личными активами, не полагаясь на сторонние учреждения.

Д. Используйте блокчейн-решения в медицинской, логистической, избирательной и финансовой сферах, а также везде, где такие решения могут применяться.

Является ли биткоин слишком дорогим для использования в качестве криптовалюты?

Абсолютная цена в значительной степени не имеет значения для криптовалют (как и для акций, о чем я писал в других книгах). Несмотря на то, что этот ответ уже был рассмотрен в других разделах торговых правил, я напомню соответствующий раздел ниже:

Учитывая, что предложение и начальная цена могут быть установлены/изменены, сама цена в значительной степени не имеет значения без контекста. Тот факт, что Binance Coin (BNB) стоит 500 долларов, а Ripple (XRP) — 1,80 доллара, не означает, что XRP стоит в 277 раз больше стоимости BNB; В настоящее время эти две монеты находятся в пределах 10% от рыночной капитализации друг друга. Когда криптовалюта впервые создается, предложение устанавливается командой, стоящей за активом. Команда может создать 1 триллион монет или 10 миллионов. Оглядываясь назад на XRP и BNB, мы видим, что Ripple имеет в обращении примерно 45 миллиардов монет, а Binance Coin — 150 миллионов. Таким образом, цена не имеет особого значения. Монета по цене 0,0003 доллара может стоить больше, чем монета по цене 10 000 долларов с точки зрения рыночной капитализации, оборотного предложения, объема, пользователей, полезности и т. д. Цена имеет еще меньшее значение из-за появления дробных акций, которые позволяют инвесторам вкладывать любую сумму денег в монету или токен независимо от цены. Единственное серьезное влияние цены заключается в психологическом воздействии, которое следует учитывать при торговле биткойнами и альткоинами.

Насколько популярен биткоин?

По крайней мере, 1,3% населения мира в настоящее время владеют биткойнами, что, учитывая полмиллиарда существующих биткойн-адресов, делает их довольно популярными. Это число включает в себя 46 миллионов американцев, что составляет 14% населения и 21% взрослого населения,[35] в то время как другое исследование показало, что 5% европейцев владеют биткойнами.[36] Однако более

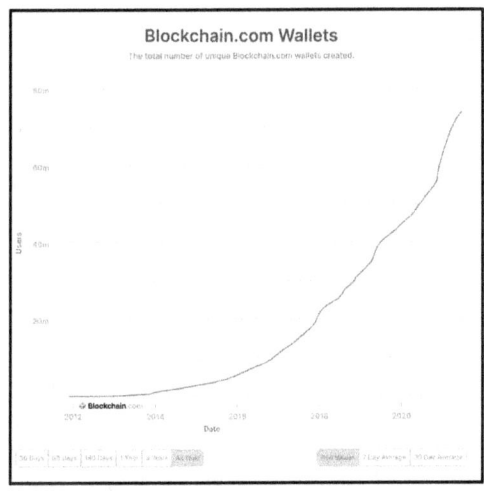

примечательным является экспоненциальный темп роста. В 2014 году существовало менее одного миллиона биткоин-кошельков,

---

[35] "Демографическая статистика США...."
https://www.infoplease.com/us/census/demographic-statistics.
[36] "• График: сколько потребителей владеют криптовалютой? | Statista». 20 августа 2018, https://www.statista.com/chart/15137/how-many-consumers-own-cryptocurrency/.

что представляет собой 75-кратный рост с тех пор и темпы роста в 10 раз (1000%) в год.[37] Такие тенденции не показывают никаких признаков остановки, и рост, если что, только набирает обороты. Таким образом, подводя итог, можно сказать, что биткоин особенно популярен и, вероятно, достигнет переломного момента массового принятия в ближайшие несколько десятилетий.

---

[37] — Blockchain.com. https://www.blockchain.com/. Дата обращения: 9 июня 2021.

Книги

- Освоение биткоина — Андреас М. Антонопулос
- Интернет денег - Андреас М. Антонопулос
- Стандарт биткоина – Сайфедин Аммус
- Эпоха криптовалют — Пол Винья
- Цифровое золото – Натаниэль Поппер
- Биткойн-миллиардеры - Бен Мезрич
- Основы биткоинов и блокчейнов — Энтони Льюис
- Блокчейн-революция — Дон Тапскотт
- Криптоактивы - Крис Берниске и Джек Татар
- Эпоха криптовалют - Пол Винья и Майкл Джей Кейси

Обменов

- Binance - binance.com (binance.us для жителей США)
- Coinbase – coinbase.com
- Кракен – kraken.com
- Криптовалюта – crypto.com
- Близнецы – gemini.com
- eToro – etoro.com

Подкасты

- Что сделал Биткоин Питер Маккормак (Bitcoin)
- Нерассказанные истории (ранние рассказы)
- Unchained от Лауры Шин (интервью)
- Baselayer от David Nage (обсуждение)
- «Срыв» Натаниэля Уитмора (короткометражный)
- Подкаст Crypto Campfire (расслабленный)
- Иван к записи Tech (обновления)
- HASHR8 от Уита Гиббса (технический)
- Безоговорочные мнения Райана Селкиса (интервью)

Новостные службы

- CoinDesk – coindesk.com
- CoinTelegraph – cointelegraph.com
- TodayOnChain – todayonchain.com
- НовостиBTC – newsbtc.com
- Журнал Bitcoin – bitcoinmagazine.com
- Crypto Slate – cryptoslate.com
- Bitcoin.com – news.bitcoin.com
- Blockonomi – блокономи

Услуги по построению графиков

- TradingView – tradingview.com
- CryptoView – cryptoview.com
- Альтреди – Altrady.com
- Coinigy – Coinigry.com
- Монетный трейдер - Cointrader.pro
- CryptoWatch – Cryptowat.ch

Каналы YouTube

- Бенджамин Коуэн

  Hatps://vv.youtube.com/channel/ukrvak-ux-w0soig

- Офисный уголок

  Hatps://vv.youtube.com/c/koinbureyu

- Форфлайс

  https://www.youtube.com/c/Forflies

- DataDash

  Hatps://vv.youtube.com/c/datadash

- Шелдон Эванс

  Hatps://vv.youtube.com/c/sheldonevan

- Энтони Помплиано

  Hatps://vv.youtube.com/channel/usevspell8knynav-nakz4m2w

- Имстоун

  https://www.youtube.com/channel/UC7S9sRXUBrtF0nKTvLY3fwg/abou т

¨ Ларк Дэвис

  Hatps://vv.youtube.com/channel/ucl2okaw8hdar_kbkidd2kalia

¨ Ежедневный альткоин

  https://www.youtube.com/channel/UCbLhGKVY-bJPcawebgtNfbw

www.ingramcontent.com/pod-product-compliance
Lightning Source LLC
LaVergne TN
LVHW012019060526
838201LV00061B/4375